JN014758

これで解決！

実践サラリーマン道

入門編

豊田一期

はしがき

誰もがおちいるサラリーマン適応障害。きれい事などまったく通用しないこの奇っ怪な世界。ありふれた自己啓発や精神論などいらない。

サラリーマン世界とはどのようなものであり、具体的にどのような心構えでどのように行動したらいいのか知りたいだけ。

その答えは、会社が求める人材と自己の能力と心の姿勢との複合体の関係から導かれる、その時点で必要とされる姿を実践することでした。

つまり、第三者の観点からも、自己の進歩段階に相応しい求められる姿というものが厳然と存在するということでした。

本書は、筆者の実体験からその謎とも思える複雑怪奇な構造を解明し「その結果はどうなって行くのか、そうなる前にどうすれば良かったのか」を具体的に解説することとしました。

趣旨は、あくまでも実践的サラリーマン道の構築を進歩と生きがいの関係から、一から目指したものです。

どちらかというと、現在の自分が過去の自分に対して、あの時期、あの場面でこういう思いのもとこのように行動したからそうなった。しかし、その場合、こうするのが正解だったというデータベースのようなものを編纂してみました。

ある意味、自分が読みたかった本を自分で書いてみたという性質のものです。

目次

第一章　奇っ怪な世界……………………………………………………9

適正なしでうつ／管理部門は皆ピリピリ／管理部門で2年留年／求められる質を間違えた／人の仕事を引き継いだら全責任をかぶってしまった／私の下克上　1／私の下克上　2／怒りを殺し、ゴキゲンを取った上司／自己顕示は指導力となり得るか／短気は指導力となり得るか／包容力は指導力となり得るか／短気も自己顕示も包容力もなしは、指導力となり得るか／逆らってはならない上司、逆らってもいい上司／エリート採用は将来が約束されているか／求められるのは即戦力／無能な上司誕生の秘密／口うるさい上司／能力不足の上司と仕事するとき／能力あっての役割／過負荷で露呈、人格と能力／飲み会に参加すべきか／

第二章　法則 …… 00
最短で係長になる方法／距離は礼儀で守る／自己啓発や心理学を学んでも悩みか尽きない理由／怒鳴られ怒鳴り返すと／会社モラルとは大義名分／私の役割、「会社の便利屋さん」がなぜ噛みつかれやすいか指示に大義名分を／結論を先に言うこと／有能な上司を手本に努力すると／付き合いは必要？／求められる能力は総合力／上司の命令には、まずは従う姿勢を／雰囲気が与える影響／有能さは寛容で守られる／報酬は自己の進歩／能力は逆境でこそ試される／まぐれで偉くなることはない／

第三章　進歩と生きがい …… 00
終わらせる苦労、取り組む喜び／適正を外すと／生きがいって何？／仕事が時間の切り売りから生きがいへ／ちょうどいい仕事量とは？／価値は努力と進歩の中に／私にとっての自己実現とは／適正から才能へ／失敗をどこまで自分のもとするか／仕事のどこに生きがいを感じるか

／生きがいの芽生えは熱中で自覚／本物のエリート課長との出会い／優秀な方がおちいりやすいワナ／能力に火がつく時／能力の土台は必要に迫られてこそ／努力とは絶対的価値／出世したいのにできない人の特徴／仕事と一体化するとき／仕事に対する思いには発展段階がある／失敗から学ばない姿勢の落とし穴／適性を掘り当てるには／学びの蓄積は常に役立つ／窓際に追いやられたとき／進歩自体が喜び／仕事の充実感とは

第四章　認識力……………………………………………………………………00

認識力は水面下の土台に例えられる／やる気さえあるなら／その話、要点は何？／相手にわからないことがわからない人／指示法いろいろ／おしゃべり会議／自己啓発や心理学の勉強は必要か／怒り耐性のサイズ／私の主力武器／ひらめきのバックボーン／信頼関係のカギ／認識獲得が人間関係解決のカギ／失敗の受け止め方／上司の時間は黄金より貴重と心得よ／認識力あっての包容力／逃げ道を与えること／マイナス面は感化で修正／時間を与えて戦力に／上司に求められる器／上司は自身の認識力に応じた部下を集める／偏狭が一面を全体像へ／上司の

思いが部下の思いに乗り移る／仕事は自発的に気持ちよく／謙虚さが能力を増幅する／上司の認識力の高低が与える影響

第五章　人間関係学 ……………………………… 00

心理学とは異なる人間関係学／成功への近道／人から見える自分の雰囲気／気まずくなった後、放っておくと／わかり切ったことでも真剣に聞かないと／嫌われる人の心の癖7つ／嫌いな人を近づけない法／噛みつきたい人には噛みつかせる／何度でも許し、自分で選ばせる／去る者追わず／自発的へ誘導／肝心な所は相手に言わせる／受け入れるかどうかは相手の自由／私の距離の取り方／怒らないための選択肢／私の自尊心は？／支配的な人を近づけると／人のことでイライラしている人を近づけると／不機嫌でいることを許さない人を近づけると／犠牲を武器にする人を近づけると／自分と他人の区別が付かない人を近づけると／迷惑な酒癖が出やすい人は／早く親しくなろうと、悩みや欠点を打ち明けると／嫌うと相手との距離が近づく／誰とでも親しくすることは正しいか／妬みを利益に変える法／人との距離を間違わないこと

／嫉妬と停滞の関係／人の話を最後まで聞かない人は嫌われる／自分の欠点は、嫌っている人が教えてくれる／妬みが成功を破壊／現状維持の事なかれ主義／いらぬ口出しや手出しは恥の上塗り／勝手なライバル意識／自己顕示の恐怖／火消し職人の本心／人の気持ちは自分の気持／暗い表情は過小評価を呼び込む／力関係の落とし穴／短気が呼び込むもの／引き立てが必要／親しく付き合いたい人／自重が好調を守る／相手の表情は、自分の言葉の反映／新任地には静かに入った方がいい／やらされ感は働く喜びを奪う／多様な価値観へ／雰囲気が伝える感情／本心はすでに伝わっている／悪の増殖原理／怒りの感情では部下はコントロールできない／約束と信頼関係の関係

第一章　奇っ怪な世界

◆適正なしでうつ

若き日の私は、単純肉体労働や単純作業が大嫌いで、高度な集計・分析・ツール化等にはやたら興味がありました。たぶん学生時代の興味分野のなごりと思います。

ところが、入社当時の配属先は営業所の電気設備維持運用課、ここは私にとって地獄でした。毎日、朝から晩まで遠くの店舗やオフィスビルに出かけては装置の点検や計測、自分にはまったく興味のない苦痛の日々でした。エリート採用でない私には当然の環境、文句は言えません。

転職にも踏み切れず、理想と現実のギャップに苦しみ、口数は少なく洗面所の鏡に向かうと暗い表情の自分が映し出されドキッとすることもありました。自分がドキッとするくらいなので、周りの人たちはもっと気持ち悪がっていたに違いありません。

当時の上司もその顔を見るとイヤな感じがしたのでしょう。

「君も、いろいろ不満はあるだろうけれども、いい加減にしたらどうなんだ。言いたいことがあったら、はっきり言えっ！」と、いきなり叱責を受けぼう然としたこともあります。

まさか「こんなクソみたいな単純労働をやってられっか！」と上司に当たり散らすわけにはいかず、「申し訳ありません。最近飲み過ぎで体調を崩していたもので」と言葉を濁しておきました。

たぶん、日常会話においても、知らず知らずの内に暗い雰囲気に毒された表情や言葉が周りの人たちに当たり散らしていたのでしょう。どこへもぶつけようのない怒りを抑えていたら、日に日にやる気は消え失せ2年後には魂の抜け殻のようになってしまいました。

毎朝、目が覚めるたびに締め付けられるような頭痛と吐き気、いても立ってもいられない焦燥感、まさにこの世の終わりを感じていました。当時の状況のまま心療内科に行けば、その手の病名が付いたかも知れません。

この期間、私は気を紛らわそうと心理学や自己啓発系の本を手当たり次第読みあさりました。無限に広く無限に深い世界、本音を隠した理論武装。しかし、私にはどれも小手先のテクニックや出来もしないきれい事のオンパレードにしか見えず、「なんか、違うな」と心には響きませんでした。本音で向かい合って心に響くもの、そのようなものを求め続けていましたが「これだ」と思える本に出会うことはありませんでした。

むしろ、三国志の諸葛孔明の活躍を小説やＤＶＤでくり返し学んだ方がよほど心に響きました。

３年後、ようやく希望が叶い管理部門へ転勤となりました。そこは頭脳労働でとても忙しい職場、自分の適正にかすっていました。日に日に元気になり、半年後には正常な精神状態に戻ることができました。しかし、楽しさや生きがいはありませんでした。忙し過ぎて悩んでいるヒマなどないというのが本当の所です。それでも前職よりは、はるかにマシ、自己無価値感に苦しむことはなくなりました。

適正のない職場が、これほど心身に悪影響を及ぼすとは思いもよりませんでした。私の場合、希望転勤という道がありましたが、もしそれがなければ精神病院行きかリストラかのどちらかだったと思います。

◆管理部門は皆ピリピリ

管理部門社員3年目の頃、たくさんの仕事をかかえ口もきけないくらいあたふたしていることがありました。そこへ突然係長がやってきて、

「急ぎのオーダーが入ったから、これを優先してやってくれ」と言われました。どうやら課長からの

オーダーのようです。内容はパソコンでデータベースを検索し、該当する種類ごとに件数を数え一覧表にまとめるという簡単なものです。

　こちらは死ぬほど忙しい思いをしているというのに、そんな簡単な作業は、係長が自分でやればいいじゃないかと内心思いつつ、それすらできない人であることも十分わかっています。やむなく、

「はい、わかりました」と受け取ってはみたものの今現実にかかえている大量の優先順位の高いオーダーの方もさばかなくてはなりません。

　なかなか係長のオーダーに手を付けることができませんでした。1時間が経過したころその係長がやってきて、

「できたか！」と眉間にしわ寄せ青筋を立てています。恐らくオーダーもとの課長から、せかされているのでしょう。

「いいえ、まだできておりません」と私が返事したところ、その係長がぶち切れました。

「いったい、いつまでだったらできるんだっ？　今どこまでできているんだ、ちょっと見せてみろ！」

「見せてみろと言われましても、パソコンが内部で処理することですから見せることはできません」

「なにぃー、それじゃまだ全然できていないということじゃないか！」と怒りあらわにくちびるをプルプルさせています。

この人は、パソコンとは命令さえ打ち込めば一気に答えが出るものだということを知らないらしい。途中経過があるものだと思い込んでいます。

内心、そりゃ係長の仕事ぶりなら途中経過があるのでしょうけど、一緒にしないで欲しい。今は、時代遅れのわからず屋にそんなことを説明しているヒマはないと思いつつ、

やむなく、「午前中まで待って頂けませんでしょうか。今はまだそれに手を付けられる状況ではありませんので」と言って、先に優先順位の高いオーダーをさばかなければならないことを説明しようとしました。するとそれをさえぎるように、その係長は、

「何を言っているんだ、貴様っ！　俺の命令がきけないっていうのか！」と怒鳴り始めました。この人は、一度怒りだしたら止まらないらしい。

私もいい加減にプッツンきて、

「なら、係長が自分でやったらいいでしょう。こんな簡単なオーダーができなくてどうしますか」

「なんだとぉー、このやろう！　もういっぺん言ってみろ！」怒り狂った表情で、両肘を９０度に保った両腕の拳をプルプル振るわせています。

「お望みなら、何度でも言って差し上げます。自分でやって下さい。頼みやすい相手にだけ仕事を押し付けないで、私以外に手の空いている人に頼んで下さい。例えば、崎田さんならかかえている業務

も少ないし、やってくれるんじゃないですか？」

「おっ、お前は、崎田さんがヒマで遊んでいるというのか！　うぬぼれるのもいい加減にしろっ！」、下くちびるがアゴと一緒に外れるのではないかと思うくらいプルプルさせ全身をワナワナ震わせています。

そのまま、倒れて救急車で運ばれるのではないかと一瞬頭をかすめましたが、それはそれで自業自得。私の方から折れる気はありません。

その崎田さんというのは、その係長より年上で多分に遠慮気味な対応を心がけている方でした。

その係長のあまりの剣幕が、崎田さんの耳にも届いてしまいました。そして、結局、崎田さんまで怒らせる羽目になってしまい、

「俺だって、一所懸命やってるんだ。手などあいていない、失敬なことを言うと許さんぞっ！」という具合になって、私は二人の敵と戦わなければならなくなりました。

この係長に逆らったのは二重、三重にもまずいことになりました。その係長本人に対しては言うまでもなく、本来関係の無い崎田さんまで巻き込んでしまったこと。更には、その係長は課長の大のお気に入りだったため、私は課長からもにらまれる羽目になってしまいました。

◆管理部門で2年留年

管理部門で働く社員の多くは、自分のかかえている仕事が一番多く苦しいと思っています。私も当時、「こんな大変な仕事が、明日までできるはずがない」という局面に何度も遭遇しました。追い詰められ冷や汗タラタラ「もう無理だ」と逃げ出したくなることもしょっちゅうあります。

もともと標準的能力の持ち主の頭数では、処理しきれない量と質をかかえる職場です。経費節減のあおりをもろに受けているのはこういう職場です。一方、利益に直結する営業所には多くの社員を投入しています。

管理部門では優れた能力を持つ社員も並の能力の持つ社員も、肌で感じる忙しさは同じです。優れた社員には仕事が大量に集まるし、並の社員にはそれなりの仕事量が集まります。単純作業や肉体労働ではこの現象は起きませんが、頭脳労働ではいくらでもあります。

人の肉体的能力差はどんなに開いてもせいぜい二～三倍程度ですが、頭脳の能力差は何十倍～何千倍ということがあり得ます。更にこの時代どの職場にもあるパソコン、これを高度なレベルで使いこなせる社員とそうでない社員との能力差は1：∞（無限大）ほどあることでしょう。

このような環境下で仕事をしている社員たちを観察すると、どの社員が優秀でどの社員がそうでないかはすぐにわかります。優秀な社員はひとり黙々とパソコンを叩いていて、そうでない社員は、あたふたと電話応対に追われています。見かけ上は、電話応対に追われている社員の方がバリバリ仕事をしていて、静かにパソコンを叩いている社員は何をしているのかわからないように見えます。

毎日でかい声を張り上げ電話応対していれば、確かに周りの人たちは、その社員が今何の仕事をしているかわかります。しかし、現実には、指示文書の出し方や報告の取り方がまずくて単に質問電話の嵐に巻き込まれているだけであったり、自分のミスの尻拭いを一所懸命していたりするだけの場合が多い。

私は、できるだけ電話がかかって来ないよう工夫しました。指示文書は、目的が明確で何をいつまでどのような方法で実施すればいいかを誰が見てもわかるように、やさしい表現を心がけました。報告様式に至っては、集計から分析、おまけにエラーチェックまで自動的にかかるという具合です。これなら質問電話はかかって来ません。大量の仕事を効率よくさばくため様々な工夫を凝らした結果が、静かにパタパタとパソコンを叩く姿となっているのです。と思っているのは、自分だけということがありました。

それは、予期せぬ出来事、例えば緊急事態その他災害等が発生した場合に思い知らされることになりました。

このような場面ですぐ反応し張り切ることができるのは日頃かかえる仕事量の少ない、いつも電話ばかりしている社員たち、ここが皮肉なところです。

優先順位は、予期せぬ出来事を片づけなければならないことは十分わかっています。しかし、今大量にかかえている仕事を後まわしにするわけにもいきません、バッファが無かったのです。

すぐ対応できない私への上司の評価は、

「あいつはこの重大時にパソコンにばかりしがみついて、今何が大事なときかわかっとらん。けしからん、あいつにはセンスがない」ということになりました。

私の頭の中では、すでに人手は足りているので自分までそこに参加する必要はないだろうと思っていました。しかし、それを口にしては、

「みんなも同じように忙しい思いをしているんだから…」という具合に持っていかれ、おまけの「わがまま」というレッテルまで頂くことになるでしょう。

辛い選択をしなければなりませんでした。例え責められてもかかえている大量の仕事をさばき続けるか、あるいは周りにいい顔をして首を突っ込み、後で泥沼にはまるかです。

私の場合、前者を選び続けてしまったため上司や周りから変人扱いされ、3年で卒業する職場を5年かかり卒業することになりました。調子に乗って仕事を大量にかかえ込み過ぎたのが敗因かも知れ

ませんが、私にとっては忙しさがすべてを忘れさせてくれたので悔いはありません。

この頃、気づいたことは、課全体がうまくいっているなら個々人の努力や能力より担当窓口の人が高く評価される傾向にあることです。その人がうまくいく仕事の仕組みを考え、走らせていると幹部は錯覚するからです。

しかし、これらは自分が当時社員であったがゆえの悩みであり係長になってからは解消しました。本物のうまくいく仕事の仕組み作りや効率化施策を課長から任され、社員へ浸透させる権限が与えられましたので。

◆求められる質を間違えた

「この資料を整理したワンペーパのプレゼンテーションを明日までに作って欲しい」と上司に指示されたことがあります。

資料を整理していく内に、不備があちこち見つかりその補正に時間がかかっています。その作業で1日目はすぐ過ぎ、締め切り当日になりようやく納得いく資料になりました。

さあ、これからワンペーパ作成に取り掛かろうと思い立った時はすでに14：00。懸命に取り組みましたが、上司から催促のあった17：00頃は半分の出来。仕方なくそれを上司に見せた所、「なんじゃこりゃ、まだ出来ていないじゃないか！　できないならできないと、なぜ早く言わなかったのか！」と声を荒げて叱責されました。私はムキになって、「資料に不備があり、その補正に時間がかかってしまいました。これでも、休憩も取らず頑張ったんです」と反論しました。上司はそれには答えず、「もういい、よこせ。続きは俺がやる」とその仕事は取り上げられてしまいました。

後でわかったのですが、このような場合「期限内に仕上げるには、どこからどのように手を付けるか」と先に構想を立ててから作業に入るべきでした。

正しくは、大まかに資料に目を通し先にワンペーパの骨組みを作ります、ここまでが50点。残りの時間で不備資料そのままを参考に肉付けを行います、ここまでが70点。余った時間で不備資料を補正しフィードバックをかけます、ここから先は70点～100点。リミットが来た時点で成果物を提出します。それは80点の出来栄えで構わなかったわけです。

この方法なら、最初から100点を取ろうとする稼働に比べ20％程度の稼働で済みます。残り80％の稼働で精度を高めていきます。考え方は、学校のテストや資格試験等を受ける際、簡単な問題から先に解き難しい問題を後まわしにするのと似ています。

上司もこの辺のことは見越していて、受け取った８０点の出来栄えに手を加え見かけ上１００点の姿にして外へ出します。その責任は、上司が取るという覚悟で。

◆人の仕事を引き継いだら全責任をかぶってしまった

店舗に設置される緊急時の指令センターへの通信用電源装置に、メーカーからリコールがかかりました。ある期間に製造された電源装置をそのまま使用していると、電解コンデンサがパンクし電源が入らなくなるそうです。そうなると緊急事態を関知できなくなりますので大問題です。

その部の今回の任務は、お客様の店舗を担当している営業所から現場へ技術員を派遣し、メーカーから借用した代替電源装置とリコール対象電源装置を入れ替えることでした。その後、メーカー改修を終えた電源装置と代替電源装置を入れ替えればリコール完了です。

そして、その任務の担当者となったのが、テンション高めのバイタリティ豊かなアナログ世代のシニア係長、たぶん自分から買って出たのでしょう。

ところが、リコール完了宣言後、数年たってお客様の店舗から「緊急通信がつながらない」とボロボロ苦情が出始めました。

ふたを開けてみると、リコール対象装置の改修漏れが大量発生していることが原因でした。この問題は、やがてお客様の店舗を束ねる取引先の社長の耳に入ることとなり、自社部門のトップ宛に文書で苦情が入りました。

こうなると自社はパニック。全社をあげて原因究明と問題解決へ乗り出すことになりました。その陣頭指揮を私が引き受けることになりました。

さっそく、当時の数万件に及ぶリコール対象電源装置の進捗管理表を入手し、設備データベースと照合しリコール漏れリストを抽出しようとしました。

これで一発解決と思いきや、うまくいきません。照合には、進捗管理表にリコール済み年月日と個体を特定する製造年月日や製造番号があれば事足ります。

しかし、シニア係長お手製のエクセルで作成された進捗管理表のリコール済み年月日記入欄には、予定日やら完了日やら注釈やら混在、更に個体を見分ける製造番号に至っては、現地の装置から技術員が転記したものらしく誤記多発。しかも、一つのセルに複数の製造番号を列挙している場合もあります。中には、すでに不要品として撤去された装置や新しく更改された装置もリコール対象として少なからずリストアップされていました。

要するに、数万行に及ぶ進捗管理表を手作業で精査しなければなりませんでした。

これには、参りました。

しかし、お客様は待ってくれません。矢の催促と現時点の進捗状況の報告、その合間にも不具合発生、苦情への対応に追われました。

「いったい、何やってるんだ！」と、自社関連部門の部長やお客様から責め立てられる羽目になってしまいました。

そのうち、しびれを切らした取引先窓口から私へ「現時点の進捗管理表をデータベースで送って欲しい」と依頼がありました。しかし、進捗管理表には多くの不備がありお客様に見せられる状況でないことを私への依頼元の部長に説明しましたが、「それなら、不備を無くしてから送ればいいだろう」と快刀乱麻のごときご回答。「なら、お前がやってみろ！」と噛みつきたい気持をぐっと抑え、一週間の猶予を頂き寝る間を惜しんでデータ精査を行いました。並行してリコール済みか不明なデータについては、担当する営業所に現地確認を指示しました。

そして、約束の一週間後、提出期限優先ということで、やむなく精査途中の進捗管理表を取引先へ提出しました。そして、その数日後、予想通り取引先から苦情が上がりました。「このリストは当てにならん！　リコール済みと報告された店舗2件に、なぜ、今回不具合が発生しているのか？　お前たちはデタラメを報告しているのか！」と大目玉を食らう羽目になりました。

当然、自社関連部門の部長、課長にもその情報は入り、私は四方八方から集中砲火を浴びることになりました。会社で仕事をしていると、往々にしてこういうことがあります。

私が開き直って、責任を問う相手を拡大しようと思えばいくらでもできましたが、それは自分の首を締める結果にも結びつくのでやめました。今回の場合、責任が大きいだけに、自社の人間は誰も関与したがりません。こういう場合、往々にしてターゲットとなる担当者を1人定め、その人に責任を追わせるのが常のようです。

その後、1ヶ月ほどかけ100％精査済みの進捗管理表を完成させました。ここまで来てようやく使い物になる管理表となりました。

何ということでしょうか。はじめの一歩から私が着手していれば、こんな間抜けな結果にならなかったものをと、とても腹立たしく、悔しく、情けない思いをしました。

この経験で「できない人にできないことを任せてはならない。適材適所で仕事をさせるべき」と、強く認識させられました。

◆私の下克上　1

営業所の担当係長をしていた頃、短気で無能の課長に仕えたことがあります。この方はスゴかった、自分の立場が上だから、言いたい放題、やりたい放題、責任は全部お前が取れとやっていました。

例え、自分の判断ミスが原因で失敗した場合でも、私を厳しくとがめ解決したような気になっています。その課長の穴ボコだらけの仕事を必死にカバーしているというのに、多方面でボコボコ穴をあけてきますので時には防ぎ切れないこともあります。

そのたびに課長は自分の無能ぶりがもどかしいのかプッツンプッツン切れまくり、私に当たり散らします。その傍若無人ぶりにたまりかね、時には私も怒鳴り返したいこともあります。

しかし、サラリーマンの悲しさかな。感情を押し殺し課長の猛りくるうお顔を静かに見返し、吠えたい放題吠えさせておきます。

私の心の中には雷鳴が轟いています、「何言ってやがんだ、てめぇのようなボンクラはさっさと辞めっしまえ」と論点のかみ合わないところで。

最初の2年間はガマンしましたがあまりの無能ぶり、このまま捨て置くのも腹の虫がおさまりません。会社のためにもなりませんので、怒鳴り返す代わりにパワハラ相談室を使いました。

すると次の人事で、その課長は自分と似た短気な部長の元へご栄転されましたが、華々しく散っていきました。今は、能力相応部下のいない末端の職場で装置計測や資料整理を担当しているようです。

◆私の下克上　2

何ともかんともわかり切ったことに、いちいちうるさい説明を加える温厚な課長に仕えたことがあります。どうかすると、この人本当に頭が悪いんじゃないかと思うような説明をくどくどとします。

例えば、ある部品を装置に取り付けなければならない指示文書を担当者に説明するのに、「この作業を進めるにあたっては進捗管理表を作り、作業に行った人の名前と日付を記入する。そうすれば漏れは防げる。これをやらないとまた漏れが出る。漏れが出ればお客様に迷惑をかけて我々も手戻りが大きくなる。そうなれば、今度はマイナスの仕事をしなければならなくなる・・・」とわかり切ったことをいつまでもぐじぐじ、うだうだ続けなかなかポイントに移りません。どうかすると、そのままポイントがないこともあります。

ひとことですむ指示を、なぜこの人は長々としゃべり続けるのか。それがいかに人の心を不快にし、仕事の時間までロスしているということがわからないのか。こんな風ですから、幹部間や上部組織からは、いつもケッチョンパッチョンにやられていました。

更に、この方はいつもは温厚なのですが、仕事が遅れたり何か問題が起きたりすると、「お前のせいじゃ。お前が何とかしろ」と突然豹変し私に責任を投げ付けます。そして上部組織には「どうしましょうか、どうしましょうか」とあたふたお伺いを立てていました。

悲しいことです、課長の資質がない者が課長になってしまいました。本人も不幸ですが、周りの人たちはもっと不幸です。

年齢と共にランクも上がってきたので、いつまでも偉くしないとかわいそうだから、ここらで課長の仕事をさせようと引き上げられた方です。

私も相当ガマンし2年間は従順な部下でいることができましたが、それ以降はこの方抜きで仕事をしていました。結局、この方は４３才という若さで依願退職されました。

◆怒りを殺し、ゴキゲンを取った上司

有名大卒で若くして課長になった方に仕えたことがあります。この方は、とても優秀で仕事もよくできました。しかし、自分に対する相手の態度に異常に敏感で、言葉づかい・礼儀・表情・口調等を

いつも細かくチェックし、わずかでも自分の気に食わないことがあれば途端にブチ切れヤクザのように詰め寄ります。

それで、私は決裁や提案書を回す時には、相手の機嫌のいいタイミングを狙い、いかにも従順な態度と表情でやんわり話を持って行くようにしていました。逆らえない上司には、このように相手が望む自分を演じてきました。被弾を最小限に留める策と思います。

もし、反抗的思いを持ったとしたらそれは雰囲気として表に出ます。上司はそれを感じ取り、ますますイヤな仕打ちを仕掛け屈服させようとするでしょう。

単細胞という点は、かつて私が下克上した課長と似たり寄ったりですが、仕事ができるという点が大きく異なります。この場合、居心地悪いからと言って逆らったりパワハラ相談室を使ったりすると大変なことになるでしょう。

それで一時期、その人をやり込めることができたとしても、自分の将来を危うくすることにつながるでしょう。このような若くて優秀な課長はレールに乗っていますので、どこかで逆転して自分の方が彼の上に立つ可能性は薄い。それよりも、まったく逆の発想で、その人に気に入られるよう振る舞いゴキゲンを取りに徹しておいた方が、将来、その人からの引きも期待できるでしょう。打算的な考え方ですが、そのようなかわし方もあると割り切るしかない場合もあります。

◆自己顕示は指導力となり得るか

自己顕示は指導力となり得えます。そもそも自己顕示とは自分に自信があるからやるわけで、それだけの努力もしているし能力も高い人が多いのも事実です。しかし、それを武器にどこまで通用するかはその人次第。

横柄で人をまるで虫けらのように扱う物言いをする課長がいました。上にも下にも出しゃばり自分の意見をゴリ押しします。その勢いに部下は圧倒され、周りの課長や部長からは煙たがられていました。

その方はエリート採用で、若くして係長・課長・営業所長と順調に昇進されましたが、その次の人事は部下のいない職場の担当課長となりそのまま定年となりました。

一方、自己顕示が激しく同僚の課長や後輩にまとわりついては、その仕事ぶりをけなしたり茶化したりする課長がいました。言うだけあって、確かに物知りでした。仕事のことはもちろん他人ごとまで首を突っ込んで何でも知っていなければ気が済まないタイプです。この方は偉い人との飲み会には必ず参加し、上にはへつらい下はいびるという具合でした。

出世の階段をのぼるに連れ、その傾向は激しさを増し自己顕示・暴言・憤怒の三者融合体が強力な指導力となっていきました。

この方もエリート採用で、若くして係長・課長・営業所長・部長へと昇進されまだまだ先がありま す。前者と後者、学歴・能力・自己顕示ともに似たようなレベルでしたが、決定的違いが「上にへつらう」の有無でした。一方、どちらも同じなのは周りに敵が多いことです。

◆短気は指導力となり得るか

短気も指導力になり得ます。相手のことをどこまでわかって短気爆発となるかで、その人の認識力が表に出ます。人はそれを捕らえて、その人のことをバカにしたり素直に従ったりします。

ところが、法則があって認識力の高い者が低い者に対し短気爆発という手段で従わせることはできても、その逆はできません。

それにも関わらず、会社では権威への利害関係でそれができてしまいます。

仕事が良くでき複数の課長や部長から気に入られている猿に似た赤ら顔のアラサー係長がいました。その方は変わっていて、事が起こるたびにその担当の課長や係長を自席に呼びつけては、その事情も知らない内からいきなり短気爆発、罵声を浴びせかけトンチンカンな持論を押し付けていました。その口癖がおもしろく、バカの一つ覚えのように「ストーリーは考えたのか！　ストーリーをたてなきゃ！ストーリー、ストーリー」と同じボキャを連呼しながら噛みつくのでした。

そばで聞いていた私は、「こいつ、猿のストリーキングか？」とあらぬ方向を想像していました。

しかし、その様子は周りの課長や部長からは頼もしく思われていました。自分の上司でもない他担当のしかも年下係長から、そのような仕打ちを受けた方々は皆面食らっていましたが大人しくしていました。そこが職場でなければ「なんだ、このキチガイモンキーがっ！」とボコボコにされてもおかしくありません。

この方は、逆らった相手のことはいつまでも根に持ち、事あるごとにこれ見よがし爆弾を投げ付けていました。そのような目に合っても会社生命をかけて戦う気がないなら、最初から周りがそうしているように従順なフリしてやり過ごすという選択肢もあると思います。

なぜ、それがまかり通るのか。その係長が、エリート採用で仕事もでき複数の有力者のお気に入りだからです。本店からお偉いさんが事業計画等のキャラバンで来社するとブランド品のスーツに身を固め、一番前のど真ん中の席で鬼のように説明を聞いているのでした。そして、その後の接待の飲み会では、「いつものあれと同一人物か？」と思わせる接待力を発揮し、お偉いさんのお気に入りへと豹変しているのでした。

その方は、若くして営業所係長・支店係長・本店課長・支店部長と飛び級で出世しまだまだ先がありそうです。

◆包容力は指導力となり得るか

なり得ます。包容力とは相手の心の高さまで降りていって、その人の心を理解する能力のことです。相手のことを許せないけれども、ガマンして見逃してやるという心ではありません。

これを高いレベルで持ち合わせた課長がいました。この方は仕事がよくできるだけでなく、部下に対しどのように接したらやる気を引き出せるかを常に考え実践していました。

抜群の感化力、部下からの信望も厚く何かの失敗やトラブルが起きても、課員一丸となってカバーしていました。この方はエリート採用ではありませんが、若くして営業所係長、支店係長、営業所課長・支店課長・支店部長・常務取締役と昇進されまだまだ先があります。

◆短気も自己顕示も包容力もなしは、指導力となり得るか

なり得ます、会社にはこのタイプの課長が最も多い。可も無く不可も無く「普通」にしている限り、部下は協力的です。結局、どのような人格の持ち主であろうと、そこそこ能力があれば周りの者はついていきます。人格破綻と能力不足がそろった方は、下克上のうき目にあいやすいでしょう。能力不足でもせめて人格者なら、部下の協力で生き残れる可能性はあります。

さて、役職あるいは役割を与えられると、人に仕事をさせなければなりません。その時の態度は人それぞれ、大人が子供を叱るように上から圧力をかける人、なだめたりすかしたり心理学を駆使する人、そのどちらでもない普通の人等があります。その人がどのようなタイプであれ、その本質はすぐに周りに見透かされます。それが望ましいものであれば周りは協力しますし、自己保身が見え隠れするなら背を向けます。

結局、指導力はその人の個性にある訳ではなく、その人が会社の意志を遂行するに足るパイプになり得ているかどうかにあると思います。

◆逆らってはならない上司、逆らってもいい上司

どのように理不尽な仕打ちを受けても決して逆らってはならない上司は、自分の立場から数え2ランク上の上司です。自分が社員なら係長の上に立つ課長、係長なら課長の上に立つ部長。その方たちが、自分の将来を左右します。その方たちに能力を認められているなら、将来は明るいものとなるでしょう。

さて、最も関係の深い直属の上司に対してはどうか。もし、2ランク上の上司が直属の上司を気に入っている場合は、どんなにイヤな上司だろうと逆らってはなりません。逆らえば、必ず2ランク上の上司からも嫌われ明るい未来を絶たれます。

一方、直属の上司を2ランク上の上司が、仕事ができないという理由で嫌っている場合は逆らっても自分の将来に影響を受けません。ただし大前提があり、その直属の上司がいなくても困らない程に自分の能力を高めておかなければなりませんし、逆らうにはそれなりの大義名分も必要です。それも無いのに、衝動的に逆ギレするようでは自滅するだけでしょう。

◆エリート採用は将来が約束されているか

エリート採用でも、求められる能力が無ければ淘汰されます。エリート採用の人達は、営業所の社員を数年間経験後、上部組織でもまれ下部組織で地位が付くというサイクルをくり返し次第に高い地位に就いていきます。

その過程で、上部組織に留まる経験が長い人ほど優秀であり、下部組織に留まる経験が長い人ほどそれなりとなります。同じ年齢でも片や本店の課長、片や営業所の課長という現象が起きます。

両者の給料には大差がありますが、それだけ苦労も伴います。上部組織の課長は、毎日矢継ぎ早のオーダーをフル回転でこなさなければなりません。優秀な部下に恵まれればまだいいのですが、そうでなければ自分でやらなければなりません。定刻で帰れることは、ほぼありません。

一方、下部組織の課長は、上部組織の指示を遂行することが主な任務。何かをフル回転でこなさなければならないことはほとんどなく、定刻通り帰れることが多い。

なお、エリート採用の方の中には、能力が伴わずあるいは本人の希望でずっと社員に留まる人もいれば、係長になった後社員へ戻る人、課長になった後社員へ戻る人、課長になった後転職する人もいます。

このように、エリート採用だからと言って将来を保証されている訳ではありません。一般採用との違いは上部組織で仕事をする機会を与えられているだけで、どこまで行けるかは本人の能力次第ということです。

◆求められるのは即戦力

今は営業所の社員でも、将来上部組織で仕事をしたり管理者になってみたいと思ったりしている人がいます。ところが、エリート採用でない限り営業所の社員は上部組織からほとんど認識されません。しかし、能力があれば別です。上部組織で即戦力となり得る程度の能力があるなら、希望すればそれは叶うでしょう。

この時代ですから、求められるスキルはパソコンを高度なレベルで使いこなすことが多いようです。それが好きな人なら道は開けると思います。

しかし、上部組織に行けたとしてもそこはスタートライン。能力を求められるのはそこから先であり様々なプレッシャーの中、必要に迫られる経験を数多くします。それに耐えられるだけのキャパがなければ勤まりません、これはエリート採用も同じです。

◆無能な上司誕生の秘密

長年、サラリーマンをしていると、

「どうして、こんなに無能な人間が上司を務めているのだろうか」と、びっくりするような経験をすることがあります。どこの会社にも、このような人たちが一部混じっているものです。

無能な上司とは、上司としての仕事もできず人格も整っていない人のことです。どちらか片方でも残されていれば、まだ救いようがあります。

例えば、「無能だけれども、人格が整っている」、「能力があるけれども、人格が破綻している」なら、「有能で寛容な部下」が協力してくれるでしょう。

救いようの無いのが、「無能で人格が破綻している上司」です。例えば、頑固で短気で無能と言われる人たちがその典型です。部下からは軽蔑され、彼の上に立つ上司からも無能扱いされています。

なぜ、このような人たちが上司という立場を得ることがあるかというと、きっかけは二つあります。

一つは派閥の力です。この人たちは、いわゆるエリート採用の落ちこぼれです。採用試験には合格したものの、人間関係をうまくこなせず仕事もてんでダメという人たちがいます。

このような人たちは年ばかり食ってなかなか地位は上がりません。それが当然なのですが、ある日、突然同じ出身大学の派閥から助け船がやって来ることがあります。派閥仲間同士の懇親会に、ちょくちょく顔を出していたのが功を奏しました。エリート軍団の派閥勢力は絶大で、この方々の口利きは、どのような人でもある程度の地位に押し上げる力を持っています。

もう一つはお情けです。例え無能でも途中まではエリートコースを歩んだ経験はありますので、ランクだけは同年代の社員よりずっと高いのです。この人たちを、時の上役がお情けで地位を与えることがあります。地位を与えてから失敗したと後悔しても、一度会社が課長なり係長なりの地位を与えてしまうと、それをはぎ取ることは余程のことがない限りできないようです。

ただし、このような人たちは、数年のうちにその無能さの被害が最小限に収まるような小ぢんまりした職場、または優秀な人たちがそろっていてその人などいてもいなくても同じという職場に飛ばされていきます。

◆口うるさい上司

人を腐らせる上司の態度に、口うるさいというものがあります。もちろん、それが必要な相手もいるし必要な職種もあります。そのよう場合を除き、一般的態度としてはやはり不適当と思います。

上司が口うるさいパタンには、大きく分けて三つあります。一つ目は責任逃れの予防線です。相手が失敗したとき、自分に責任が及ばないよう言い逃れを用意しておきます。何か不都合が起きた途端に、「あれほど言っておいたのに、なぜそんな失敗をしたのか」と万能の責任逃れの言葉を吐きます。どこでどのようなことが起きても、責任逃れできるようありとあらゆることに口をはさみます。部下は腐り、不平不満を募らせるでしょう。

二つ目は上司自身の認識力が低いということがあります。相手が今やろうと思っているところなのに、わざわざそれをやれと口をはさみます。あと3秒黙っていれば、相手が自発的にやるのにそれを待てません。

あるいは、「相手がやろうと思っていること」を自分も認識しているのに、あえて「自分の命令に相手を従わせる」シチュエーションが欲しくて口をはさむ上司もいます。このタイプは、それが癖になっていますので改善される可能性は薄い。

わかり切ったことを、いちいち先回りして命令されることほど不愉快なことはありません。大人だからハイハイと何事もありませんが、決して心中穏やかではありません。

三つ目は上司が相手を自分の手足やパシリとして扱う場合。この手の上司には、部下に仕事を分担させるという概念はありません。肉体労働なら「あれやれ、これやれ。あれもってこい、ここをおさえておけ」とまあ完全に奴隷扱いです。一方、頭脳労働ならそのちっぽけな頭で思いついた原始的方法を強要し、相手の工夫を許しません。

この手の上司のお気に入りにされた人は最悪です。自発的な仕事は一切できないし、仕事に創意工夫を加えることも許されません。

その上司に、一日中べったりくっつかれハシの上げ下ろしまで監視され、こき使われます。そのストレスたるや言葉では言い尽くせないほどすさまじいもので、ストーカーよりタチが悪い。

自立することを一切許されず、ひたすら言われたことを言われたとおりにやるしか道は残されていません。このタイプの上司にとりつかれた人は、いずれノイローゼになるか会社を辞めてしまうかでしょう。

成長を妨害された者の苦しみと怒りは大きい。上司の無能ぶりが、ここまで人を追い込んでしまうことがあります。

◆能力不足の上司と仕事するとき

上司に足りない能力は、自分がカバーします。設計等の技術職やエンジニア等の技能職は別にして、一般的な頭脳労働の場合、現代の若者ならパソコンスキルも高いはず、上司の悩みを解決することは広範囲で可能と思います。会社では、信じられないほど非効率なことをやっている場面を見かけることも少なくないでしょう。

文章を書くのが得意なら議事録作成を担当すると、その成果物は多くの幹部の目に触れます。議事録が幹部方針を実行させる指導力ともなりますので、その出来が良ければ多くの幹部から評価されます。逆も真なりで、稚拙な議事録を回してしまうと命取りとなります。

◆能力あっての役割

使われる立場と使う立場の両方を経験し痛感することは、能力が伴わない役職に就くと本人も不幸だし周りの者はもっと不幸ということです。

それでも周りの者が好意的に協力してくれるなら救われますが、たいていは反発分子に足もとをすくわれます。

更に、その上に立つ上司からは目の敵のようにボロクソやられ左遷や降格の的にされることもあります。自信を失い、意気消沈し、悪くするとうつやノイローゼになるかも知れません。

会社は、能力相応の地位や部署でしか仕事はできないようになっています。能力を伴わない者が偉くなりたいと思ってみても、その望みはなかなか叶わないし、運良く叶ったとしても何もいいことはありません。

かくいう私もかつて自分の上司や部下に対し、相手のやる気や能力次第で助けたり見捨てたりしてきた者のひとりです。ただし、見捨てないためのキャパは限りなく大きくする努力は現在も怠っておりません。

それは取りも直さず、その人がいなくなっても困らない程度にまで自分の能力を高めておくことだと思います。助けるか見切りを付けるか判断するのは、その後しかできないと思います。

◆過負荷で露呈、人格と能力

仕事能力と人格は負荷がかかったとき如実に出るようです。能力ある人は、どのような事象に遭遇しようとも取り乱すことなく、問題解決に向け全力を尽くします。また、それだけの下地を備えています。一方、能力不足の人は、ちょっとした変化に耐えられず、怒ったり投げ出したり責任逃れをしたり取り乱した行動を取るようになります。

上司が人を評価する場合、この辺の所をじっくり見ています。日頃から仕事に創意工夫をこらし自己向上に努めている人かそうでない人かは、過負荷時フルイに掛けられていると思って間違いありません。

また負荷は、営業所より支店が大きく支店より本店が大きいと上部組織へいくほど大きくなり、その仕事ぶりを評価する人たちも多くなります。成功も失敗も上部組織へいくほど大きな振幅で評価されるということです。努力精進を怠らず求められる能力を高めていかなければ、次のステップはありません。

もっとも、能力相応、営業所の社員として定年を迎えたいと思っている人達の割合が大きいことも事実です。この辺は、その人の適性次第なので無理のない選択が賢明と思います。

◆飲み会に参加すべきか

もし、若くて向上心があるなら飲み会には積極的に参加した方が得です。そうでなければ、本人の自由意思でいいと思います。

飲み会を断り続けるとそれが理由で嫌われることは少ないと思いますが、自分の人事を左右する幹部方々に目をかけてもらうチャンスは減ります。

若い頃ほど腹も減り飲み食いしたいのにお酌ばかり強制され少しも楽しくない、これが本音と思います。

しかし、幹部は若手にこそ興味があり飲み会は絶好の面談の場、仕事に対する思いや将来の希望などをそれとなく聞き出しています。一方、先のない中年以降の人たちには、幹部はほとんど興味がありません。

なお、管理者の場合は若手だろうと中年以降だろうと、飲み会参加は強制されるようです。

第二章　法則

◆最短で係長になる方法

自分が上司、部下となる経験を経て強く思うことがあります。それは、使う立場と使われる立場で求められる能力が異なることです。使われる能力の高い人、すなわち仕事がよくできて従順な人は係長までは最短でなれると思います。

係長になると、自分でできる能力プラス人を使ってできる能力の複合体を求められます。しかし、部下の処理能力は十人十色、中には自分の2倍以上の人もいるし、半分あるいは10分の1以下の人もいます。それぞれの能力をフルに発揮してもらわなければ会社が払う給料を回収できません。

そのためには、なだめたりすかしたりすることも必要ですし、やる気を引き出す心理学を駆使することも必要と思います。極端な話、係長本人の処理能力がゼロでもその方面がたけているなら、部下は何とかついてくるでしょう。ところが、それもできず単細胞で怒り散らしてばかりいる係長は自滅していきます。

さて、係長の能力も十人十色です。例えば、係長がどの部下より圧倒的に優秀な場合をあげてみます。このような場合も、係長の部下に対する態度は様々です。その例をいくつかあげてみます。

1例目は、よくできる自分を基準に部下にも同じようにやれと怒鳴り散らします。付いて来られない部下からは仕事を取り上げ、部下を腐らせ自分は無理を重ね精神や体を壊していきます。

2例目は、自分でやった方が能率の良い仕事は部下から取り上げ、誰でもできる仕事は部下にやらせます。そうすると部下の能力はいつまでたっても上がらず、自分の仕事は増える一方。本人は、「自分は、こんなにできるんだぞ。誉めてくれ」と躍起にアピールしているつもりでも、周りの反応はドッチラケ。

このタイプは、「はい。やります！」と何でも引き受けがんばりますので、上司からは使いやすい存在として認識されます。しかし、あまり偉くしようとは思われません。偉くするイコール人を使うことなので、そのがんばりは役割に相反するわけです。

3例目は、係長自ら業務の仕組みを見直し効率化を図ったり、そのためのツールを作成したりして、部下へ水平展開しその能力を自分と同等まで引き上げます。浮いた時間で、更なる改善や効率化を推し進め生産性を高めています。

今、３例あげましたが、これらの中間帯で様々な方々が係長職を勤めています。ベストは3例目に決まっていますが、これを実現するには使われる立場を高次元で卒業している必要があることがわかります。係長になる時もしかり、課長や部長になる時もしかりです。

ここがしっかりしているなら、どの段階でも部下は全力でついて来るでしょう。部下の中に例え反発分子が混じっていたとしても、「腐ったリンゴは食べられる所だけ食べる」という選択もできますし、やむを得ない場合も「はい、さようなら」ともやれます。それに耐えうる実力を備えているわけですから。

ここが甘いと部下になめられたり、仕事を放棄されたりすることを阻止できません。こうなってしまっては、部下を切り捨て自分も切り捨てられる運命をたどるでしょう。

この辺の段階に応じて係長止まりの人、課長まで行ける人、部長まで行ける人、あるいはそれ以上に行ける人が決まるようです。

◆距離は礼儀で守る

会社で最も嫌われる態度は礼儀を知らないことです。どんなに有能で仕事ができる人でも礼儀を知らなければ成功しにくい。

上司や先輩など目上の者に対し、無意識に混じる言葉尻のタメ口は要注意です。癖になっていて、それがタメ口であることすら気付かない場合があります。相手から、馴れ馴れしいとか図々しいとか思われてしまっては、気まずくなることは言うまでもありません。

タメ口と敬語、その使い分けは相手との距離そのものです。目上の人の中には、「タメ口でいいよ。その方が親しみやすいから」と言ってくれる人もいると思います。

しかし、タメ口で話しながら思いだけは敬語なんていうのは不可能なので、やがて目上の方から距離を置かれることになるでしょう。目上の方が敬語を使い出したり、あるいは高圧的口調を使い出したり、よそよそしくなったりと近づけ過ぎてしまった距離を元に戻そうとするでしょう。

結局、距離とは相手が決めるものであり、自分は相手が決めた距離以上に近づかないことが良好な人間関係を保つ秘訣と思います。

幹部が人事を動かす時、真っ先に思い浮かべるのはその人の仕事能力、次に浮かべるのは人格です。礼儀知らずは、大きな減点となります。

◆自己啓発や心理学を学んでも悩みが尽きない理由

たぶん、社会が教科書通りでないからでしょう。しかし、学ばなければどれが教科書通りかそうでないかわかりません。教科書は、教科書として目指すべき方向と思います。

しかし、社会が教科書通りでないのは枝葉ではそうかも知れませんが、幹の部分はそうでもありません。

私が感じる幹の部分は、「腐ったリンゴは食べられる所だけ食べる」この一点です。自分の判断で食べられるリンゴを捨てようものなら大変、自分が捨てられる羽目となるでしょう。ここを外さなければ、何をやってもいい世界なのかも知れません。

この奇っ怪な世界でも、うまく泳ぐ方法は段階的に用意されています。段階とは自分の認識力のことで、そのいしずえとなっているのはやはり教科書です。

それをどのように応用するかは、各人の判断に任されています。どのように応用するにしても、その本質に腐ったリンゴでも決して捨てない、「優しさ」と「思いやり」を内包させているならやり方などどうでもいいのかも知れません。

会社には、「人から命令される」「イヤな人間関係を強制される」「イヤな仕事を強制される」という三つの宿命があります。要はやるかやらないかであり、やらなければどのような手段を使ってでも強制されるということです。その手段が、教科書通りでないと感じるのかも知れません。ここから解放されるには、仕事と人間関係の達人になるしかないようです。

◆怒鳴られ怒鳴り返すと

そこが会社で無ければ、怒鳴り返すのも別に構わないと思います。ところが、会社でこれをやってしまうと怒鳴った方が不利となります。怒鳴り返してしまっては、その後起きたこと対し、「お互い口論の末」という注釈が入るようになり正しさを主張する際の障害となります。勝つつもりなら、相手に怒鳴らせっぱなしの方が有利に事を運べるというものです。

◆会社モラルとは大義名分

会社で通用する客観性に耐えるモラルとは人に対し「性善説を信じ、立ち直る機会を与える」、別の表現なら「腐ったリンゴは、食べられる所だけ食べる」かも知れません。

例えば、お客様からミスを指摘された資料を作成した相手に、「ここにこのようなミスがあり、お客様へ説明する必要があります。経緯を教えて頂けませんでしょうか」とやると、素直に対応してくれる人が大部分ですが、反発する人もいます。二つの例をあげてみます。

一つは、反射的に怒り、

「ここをミスしたのは、お前の指導の仕方が悪かったせいだ。しかも、この資料を提出した後、お前の他に2人の課長と1人の係長もチェックしただろう。それをスリ抜けたんだから、お前らの責任だ」

と噛みつきます。その返事に相手を思いやるように、

「わかりました、確かにおっしゃるとおり我々の責任なので我々で何とかします。その資料を作り込みますので、ご協力願えませんでしょうか」とやります。

それでも、その人は怒り心頭、

「間違った原因など知るか！　お前らが適当に理由を付けて説明してこい！」で終わります。

もう一つは、反射的に不満顔、

「ここを間違ったのは、指導の仕方が悪かったせいでしょう。しかも、この資料を提出した後、あなたと2人の課長と1人の係長もチェックしたでしょう。それをスリ抜けたのなら、あなた方の責任ではないですか」とボソッと主張します。

その返事に、同じく相手を思いやるように、

「わかりました、確かにおっしゃるとおり我々の責任なので我々で何とかします。その資料を作り込みますので、ご協力願えませんでしょうか」とやります。

するとパッと明るく、

「申し訳ありません。できる限りのことはします」と協力してくれるでしょう。

このように、同じように対応してみても返ってくる答えは分かれることがあります。性善説が有効だったのは後者だけでした。その後、前者は適当な時期に腐ったリンゴとして彼でも食べられる環境へ移って頂き、後者には引き続き役割を果たして頂くのでした。

本人が大騒ぎすればするほど客観性に大義名分が立つわけで、同じ土俵に降りて行って戦う必要は無いわけです。

◆私の役割、「会社の便利屋さん」がなぜ噛みつかれやすいか。

結局、人の職分に口出しするからです。私は業務改善担当という役割上、人の仕事に改善を促したり効率化ツールを提供したりします。これは、結構人様から嫌がられる行為です。それというのも誰

もが自分の仕事にはプライドを持ち、「自分の仕事のやり方こそ正しい」と思っているからです。

しかし、もう一段進んだ目でその人の仕事ぶりを見ると、まだまだ改善の余地があります。その人は、その人でなければできない仕事を5時間かけて完成させています。これを誰がやっても5分で終える仕事に変えられる場合がありません。

ところが、それが見えているとしても、その方法をその人にやらせるかどうかは別問題です。相手が望んでもいないのに、パソコンで仕事中の彼の背後から、「その業務は、このようにやった方が効率的ですよ」なぁ~んて話しかけるとかなりの確率で相手は、「うるさい！　お前は人の仕事に口出しするのか！人のことはいいから自分のことをやれ！」と怒り出すでしょう。

頑固な人は、それが会社の方針であっても受け入れません。例えば、今はどの会社でも取り入れられている電子契約。これは会社間で取り交わしていた押印による書面契約をインターネットで電子的に行うものです。外注先への業務委託契約等に利用されるものです。

メリットは発注者受注者双方の印紙税削減、製本し発送する手間もコストも不要、注文書と請書の突合も不要、契約書の原本管理も容易等です。取引額も取引件数も多い会社にとって、これ以上のおいしい業務効率化はありません。

ところが、頑としてこれを受け入れず昔のやり方を貫いているシニア係長がいます。年間数百件程度の契約なので、そのやり方でも一応成り立っています。

加えて、この方は、数百キロ離れた現場まで自分の足で出かけ立会までやります。本来、管轄の営業所から立会者を派遣するところです。おかげで、この方の時間外労働は年間５００時間を超え会社の持ち出しは大きい。本人は、忙しい忙しいと連呼しながら稼働の大部分は移動時間、表情には充実ぶりが漂っています。

何名かの管理者が、入れ替わり立ち替わりこの方に業務改善を促したことがあります。しかし、彼はそのたびに噛みつきます。

「インターネットのことは、よくわからないから電子契約はできない！」

「きっちり書面で残さなければ、後でわからなくなる！」

「契約は証拠書類を残すことこそ重要なんだ！仕事のやり方を変えるのか？」

「現場立会は最も責任ある仕事であり、人には任せられない！」

じいさん流の考え方は、本人自身だと周りから思われていることを自覚できません。そうかと言って強制し、「もぉ～、やーめた」とやられると代わりを務められる稼働に余裕のある人はいません。

この手の悩みはよくあることです。

私も、どうしても業務改善を図らなければならない場合は、この「もぉ～、やーめた」とやられることだけは警戒し、やられても「あ～、そうですか。さようなら」とその人がいなくても困らないお膳立てを整えてから話をもっていくことにしています。それ以外の場合なら、提案はしても選ぶのは相手の自由にさせています。

しかし、今回の場合、私の出番はありません。業務効率化はすでに社内システムとして構築済みなので、要は相手がやるかやらないかだけです。

相手がどうしても拒む場合、放っておくことになります。そして、次の人事異動で強制退去となるでしょう。

◆指示に大義名分を

嫌がるような仕事を人にさせなければならない場合、相手に納得してもらう必要があります。頭ごなしに、「命令だ、やれっ」と言っても反発をあおるだけなのは言うまでもありません。

しかし、いくら上司がかみ砕いて納得いく説明をしてみても相手が従わない場合があります。ここまでの仕事なら許せるけれども、それ以上のことになると従わないという線を相手が勝手に引いている場合です。

もしかしたら、誰でもこの線を持っているのかも知れません。ところが、この線は必ずしも固定的なものではありません。命令を下す側をかえると、急にゆるやかになることがあります。

係長から、そんなきつい仕事を言いつけられても到底従う気になれない。ところが、課長からの命令なら仕方がない。あるいは、もっと上の営業所長からの命令でなければ、従う気になれないということがあります。

きつい仕事ほど、より地位の高い人からの命令でなければやってられないという感じ方です。この感じ方は、あながち間違っているとは言えません。

会社もそれを容認するような命令の出し方をしています。例えば、会社が命令をくだす文書には二種類あります。一つは事務連絡と言われる文書で、周知や割と簡単な作業をさせる場合に課長決裁で発出されます。もう一つは決裁と言われる文書で、お金がかかることやきつい仕事をさせる場合に営業所長決裁で発出されます。

このやり方を、利用させて頂くことがあります。係長の立場から、相手にきつい仕事をさせなければならない場合、そのきつさに応じて「これは課長方針です」、あるいは「営業所長方針です」と前置きしてから説明に入ります。もちろん、事前に課長や営業所長と調整をとっておくのは言うまでもありません。これで、相手からのつまらない反発を避けることができる場合が少なくありません。

◆結論を先に言うこと

若き日、尊敬する上司から「結論を先に言え」と指導されたことがあります。その上司に出会うまでは、同僚に対しても上司に対しても思いつくまま物事を話したり、決裁伺いの説明をしたりしていました。それまでは、それで特段問題はありませんでした。

ところが、その上司にも決裁伺いの際、同じようにやっていましたら突然、「結論をいわんか、結論をっ！」と、どえらい剣幕です。最初は何が起こったのかわかりませんでした。「けっ、けつろんて何だろう？」と思いながら、本当に結論だけ「これこれを会社のお金で買って下さい」とやったのです。

すると、その上司はピクッとほおを引きつらせ、「アホかっ、お前は。もういい下がれ！」とやられました。

しばし悩みましたが、結論とはどうやら要点を短くいうことだったらしいのです。その出来事があってからは、人にものを話すのでも文章を書くのでも、まず結論や主張したい要点を頭にもってきて、次に補足、更に必要があれば詳細へという順番になるよう訓練しました。

これがまた大変です。結論や要点をおさえて話すには、これから話そうとする内容を先へ先へと見通していなければ不可能だからです。常に頭をフル回転させていなければなりません。慣れないうちは、「結論、結論」と意識しているだけで頭がくたびれてしまいます。

しかし、会社では要点を短く伝えられないことは、大きな欠点だということがわかりました。なぜなら、この能力がなければ人の時間を余計に奪ったり、人の心をイライラさせたりしてしまうからです。

このような頭の使い方を訓練してきたことは、大変ためになりました。結論や要点を常におさえながら人の話を聞いたり、話したりすることは脳の活性化にもつながり、認識力・洞察力の向上にも役立ったからです。

◆有能な上司を手本に努力すると

会社で人よりも早く出世しようと思うなら、常に自分より有能で職位が上の人を手本に努力することです。有能な上司というのは、その有能さを認められて上司となっている訳ですから、そのようなお手本を数多く得た方々がより高みへと進んで行けるようです。

この方々もまた有能であるがゆえに、人事に関する発言力も強いのです。この方々から、認められ声がかかるようなら道は更に開けるでしょう。

つまり、有能さを見本に努力している限り、その姿は有能な上司方々にも認識されやすく出世しないでいることの方が難しいでしょう。

逆も真なりで、努力を怠り有能な上司の何人かに出世させるのは不適当だと認識されるとその道は簡単に閉ざされてしまうでしょう。

◆付き合いは必要？

会社というところは、能力さえ磨いていれば自然に出世するということはありません。管理者が人事を動かすときの判断材料は、大きく分けると二つです。一つは能力があること、もう一つは、人から受け入れられる人格の持ち主であることです。

片方が欠けると、仕事はできても、ぶっきらぼうだったり、仕事はできず、夜の付き合いばかりやっていたりということになります。両者を比較すると前者のほうが、後者よりも遥かにマシに思えますが、実際はそうでもありません。

仕事はそれなりでも、夜の付き合いが良ければ、「接客に連れていけば、何かと役に立つ」ということで、管理者のお気に入りとなり、いろいろと眼をかけてくれるようになります。

一方、仕事はできてもぶっきらぼう、しかも付き合いが悪いなら、「あいつは変わり者だ。大切なお客様との交渉や、部下を持たせたると、きっと問題を起こすに違いない」と認識されやすくなります。

何かのポリシーがあり、勤務時間外は、一切の会社の人たちとの付き合いは断るという方もいらっしゃると思います。

しかし、非常に勤勉で出世欲もあり、時間を惜しんで努力しているがゆえに夜の付き合いを断り続けているなら報われません。

このような人は、周りからは、「付き合いを断ってまで、時間外手当を稼ごうとしているのか。浅ましいヤツだ」と思われている可能性があります。

しかし、夜の付き合いの中から、いろいろ情報を得たり、学んだりできることも事実です。そして、人事の希望をそれとなく管理者に聞いて頂ける場でもあります。

◆求められる能力は総合力

会社では、与えられた役割を越えたところで仕事をしようとすると思わぬしっぺ返しを食います。例えば、入社して何年かは、うんざりするような単純作業ばかりやらされます。

それがつまらないからといって、指示もされていないのに自分勝手にやりたいことをやり始めると、そのでき具合に関係なく、途端に、「あいつは仕事などそっちのけで、つまらないことばかりしている」と評価される可能性があります。その人は、20年後、その道のプロフェッショナルになる方であるかも知れませんが、今はその段階ではありません。

自分のやりたい仕事だけに固執して、それ以外はつまらないし、やりたくもないという態度は許されないようです。これは理屈ではなく、会社では、好むと好まざるとに関わらず、総合力を身に付けることが要求されているということです。

そうであるなら、その段階、段階で必要とされる能力に力を注ぐことこそ、少しでも早くその段階を卒業できる方法となるでしょう。その段階を、いくつふみ越えたかがその人の総合力となります。

数多くの段階獲得を土台に、その人本来の才能を発揮している姿こそ会社が求めていると思います。

◆上司の命令には、まずは従う姿勢を

上司方々も、好きこのんで命令ばかりしている訳ではありません。彼らもまた、その上の上司から矢継ぎ早のオーダーを受けて苦しんでいます。優れた上司とそうでない上司の違いは、命令のおろし方に出ます。

優れた上司は命令をおろす段階ですでに最終的な出来上がりの姿を頭に描いています。まず出来上がりのイメージを部下が描けるように説明し、重要なポイントと求める方向性を十分に伝えているものです。出来上がりの姿と骨組みを考えるのは上司の仕事であり、部下の仕事はその肉付けです。

一方、そうでない上司の命令は、いわゆるたれ流しです。忙しそうに動き回ってはいますが仕事はさっぱり進んでいません。今取り組んでいる仕事が手一杯で、複数の仕事を同時にこなすことはできません。当然、部下に下ろす命令の中身まで吟味する余裕はありません。

部下が作り上げた報告書を受け取る段になって、自分が描いていた出来上がりとかけ離れていると言って、怒りながら何度も再提出させます。このように自分で新たな仕事を作って、ますます忙しい

人になっていきます。

このような上司に仕えなければならない場合、二度手間、三度手間をさけるため、何としても、事前に彼の望む出来上がりの姿とポイントを聞き出しておかなければなりません。

ただし、この手の上司は、大した仕事でなくても忙しそうにしている時は、かなり神経が高ぶっており機嫌が悪いので、タイミングを見計らう必要があります。

タイミングをはずすと、

「うるさい。甘えるなっ、そんなことは自分で考えろっ」とやられるでしょう。

◆雰囲気が与える影響

毎日の仕事の中で創意工夫を凝らしたり、効率化を進めたり自ら進歩させた時の喜びというものを数多く経験している社員は、はたから見てもその雰囲気を漂わせています。

明るく活発で高度な能力を持つ管理者は、いつも周りの社員から尊敬されている雰囲気を漂わせています。

熱心さも雰囲気に現れます。いつも熱心に仕事に打ち込んでいる社員がいると周りの社員にも伝染し好循環が始まります。また管理者が熱心に仕事をしていると、その前向きな姿勢に多くの部下たちが感応して協力しようとします。

他にも様々な雰囲気がありますが、大別するとプラスの雰囲気とマイナスの二つであり、人から受け入れやすいのは、言わずと知れた前者です。

このように、雰囲気の中でも熱心さだけは、無言のうちに人々の協力を引きつける力があるようです。つまり、社員の仕事に対する意欲や能力は、その雰囲気に現れるわけです。そうすると、管理者が人事評価をする際に、真っ先に思い出し参考とするのは雰囲気ということになります。

一方、ルーチンに追われ、必死に食らいついた形相で仕事をしている社員もその雰囲気を漂わせています。また、手戻りや失敗ばかりくり返している社員もその雰囲気を漂わせています。

◆有能さは寛容で守られる

高度な能力を持ちながら寛容でない社員は、その有能さを帳消しにされるような評価を受けます。寛容でない社員は、他者の仕事のペースが遅かったり、能率が悪かったりするのを見るだけで腹が立ちます。

また、頼まれてもいない他者の仕事に首を突っ込み、能力の押し売りのようなことをして、それで感謝されなければ腹が立ちます。

つまり、寛容でない社員は、同時に自己顕示欲の強い社員でもあります。

一方、高度な能力を持ちながら寛容である社員は、同時に謙虚さと優しさを併せ持つ社員でもあります。

前者の能力は軽んじられ、後者の能力は尊重されることになるでしょう。

◆報酬は自己の進歩

現在の給料をもっと上げたいと思うなら、能率を上げて単位時間あたりの仕事量を増やすことだと思います。

月給20万円の社員が常にそれ相応の仕事をしていたのでは、昇格、昇給の見込みはないでしょう。月給20万円の社員が30万円分の仕事をし、それを認められて始めて30万円に昇給されます。そこには、昇給の喜びもありますが、進歩の喜びはそれ以上と思います。

逆に仕事の質を落として月給20万円もらいながら10万円の仕事しかしないなら、真っ先にリストラのターゲットにされるでしょう。そこには、後退の苦しさしか残らないでしょう。給料という要素を消し去ったとしても、進歩は喜びとなり、後退は苦しみとなると思います。

◆能力は逆境でこそ試される

仕事ができる人とそうでない人の態度は、苦難や逆境に置かれた時に分かれるようです。仕事ができる人は、そのような状況に置かれても、決して取り乱したり慌てたりすることはなく問題解決に全力を尽くします。

一方、そうでない人は、同様に苦難や逆境の中に置かれた時、自己保身のために、取り乱した見苦しい行動をとるようになります。

そのような方が上司の立場を得ると、一見、逆境や苦難に立ち向かって頼もしく見えても、その姿は彼のまた上に立つ上司への見せかけに過ぎません。

責任は部下に押し付け、困難な仕事から逃げまわっているのが本当のところです。部下の力が逆境に押し負けて形勢が悪くなった時、その本性が現れます。

自分では歯が立たない仕事を部下に押し付けておきながら、その責任はすべて部下にあると猛烈な主張を始めることでしょう。

◆まぐれで偉くなることはない

エリートコースを保証されて採用された人でない限り、普通は、その会社で一番下部組織である営業所の社員として採用されます。

その後、何年かして能力を認められると、営業所から支店の社員へと転勤します。そして、何年か勤めると営業所の係長となります。

早い遅いの個人差はありますが、ここでようやく役職が付くわけです。その後、本人の希望と能力次第では、支店の係長、あるいは、その上の本店の係長へと道が開けています。

しかし、学歴という関数も大きく加わるのも事実です。高学歴で入社された方ほど道が大きく開けているようです。学歴に求められる能力が伴うなら、特急や準急のコースが用意されています。

ここまでは、社員から係長になるまでの道のりを説明しましたが、その先は課長・営業所長・部長・支店長・本部長・取締役・常務・専務・副社長・社長というコースも、下は営業所、上は本店までの武者修行の段階があって、再び営業所や支店に戻ってきて役職が付くという具合になっています。上部組織で修行して、下部組織で偉くなるというサイクルをくり返す訳です。

ちなみに、特急コースの場合、営業所社員2年、支店社員2年、営業所係長2年、支店係長2年、本店課長2年、支店部長2年、その先も開けているという具合です。

一方、鈍行コースの場合、その先の道のりは留年数に依存するため変化は無限です。留年数と言っても、本人がその役職になることを終着点と設定し、その後の転勤を拒むなら、営業所社員を5年、支店社員3年、営業所係長30年で定年という選択も可能です。

仕事の規模と影響力は本店が最も大きく、その命令は絶対的であり、それを支店が受け止め進捗管理しながら営業所に実行させます。数は、本店が一つ、下部組織にいくほど増え、末端の営業所で最大となります。本店の命令を末端の営業所に実行させるまでのプロセスは、課長が係長に命令し、それを社員が実行させる姿によく似ています。

このような背景があるなら、係長になっても課長になっても、上部組織にいる時ほど、その仕事ぶりを評価する人たちも多くなり、成功も失敗も大きな振幅で評価されているということがわかります。

その段階ごとに、求められる能力を発揮できなければ道は開けないということです。このような法則があるからこそ、その役職にふさわしい人物がいて安定しているのです。

能力が伴わない役職に付くと、自分も他者も不幸にします。その立場で仕事をなし得る能力がなければ、組織に悪影響を与えるばかりでなく、当人にも相当な負担が襲いかかってきます。様々なところで軋轢やトラブルを引き起こし、自信を失い、意気消沈し、悪くするとノイローゼになってしまうでしょう。

会社は、能力相応の役職や部署でしか、まともに仕事はできないようになっているようです。例え、この法則にそぐわない者が侵入してきても、組織の自浄作用で自然淘汰されていくでしょう。

ですから、その役職の能力もないのに偉くなりたいという思いだけで、仮に偉くなれたとしても何もいいことはありません。

その役職に付くには、その立場で十分にやっていけるだけの能力と人望を得ていることが必要です。更に常にその役職よりワンランク越えた能力の持ち主であってこそ、その先の道が開けているようです。

第三章　進歩と生きがい

◆終わらせる苦労、取り組む喜び

頭脳労働では、同じ成果を出すにもそこに行き着く方法はいろいろあります。多くの場合、工夫を加え効率化する余地があります。ある人にとって1日がかりの仕事は、ある人には5分もかからないことはいくらでもあります。

工夫せず終わらせることが目的の人は「仕事に支配される苦労」を味わい、工夫し取り組むことが目的の人は「仕事を征服する喜び」を味わっています。

◆適正を外すと

就職するとき最も大切なことは、自分の適性をしっかりつかんでおくことと思います。そうすれば、将来のビジョンがより鮮明に描けます。例えばコック長になる夢を持ち有名ホテルに入社したのであれば、修業時代の連日の皿洗いは、まったく苦になりません。

しかし、これと思う職種を決めずに大きな会社だから安心ということだけで有名ホテルに入社し、調理場に回され何年も皿洗いをしているのであれば辛くて仕方がありません。きっとノイローゼになってしまうでしょう。

もし、将来のビジョンが描けないとしても、自分は頭脳労働が向いているか肉体労働が向いているかなら自覚できます。ここさえ外さなければ、努力と進歩を重ねるに連れ自ずとビジョンが描けるようになるでしょう。

◆生きがいって何？

私は入社したての頃から「仕事の生きがいって何だろう」とずっと思い悩んできました。現実の自分には、仕事とは苦痛以外の何物でも無くイヤな思いをする代償として時間を切り売りしているとしか思えませんでした。

学生時代の仕事は勉強することであり、それも苦痛には違いありません。しかし、苦痛の中にも楽しみがありました。私の場合、専門が電気であり電気工学の難問を一つ一つ解けるようになることが楽しみでした。

そんな私が、将来自分はこうなりたいという明確なビジョンもなしに、なんとなく募集のあった会社に就職しました。一応、電気の資格を取ったので、その道のスペシャリストになるのがいいのだろうと無理矢理自分を納得させてのことです。

しかし、現実の職場はつまらなかった。電気設備を点検したり現場監督をしたりしてみても、どれも退屈すぎて楽しくありません。

学生時代感じていた勉学の楽しさと今の仕事、どこがどう違うのだろうと真剣に悩んでいました。

その当時、上司に「ここの仕事は、ほとんど頭を使う要素がないですね」とポロッとこぼしたことがあります。すると上司は、

「何を言っているんだ、お前は！　ここは頭を使わなければ何もできない職場だ。監督する時も作業者の動きや装置の状態に目を光らせ、不安全な行動はないか、養生は完全か、手順書の読み飛ばしは

無いか等、頭を使わない時間は1秒たりともない。お前は、ちゃんと仕事をしているのか？」とやられました。ハッと我に返り、

「はい、その通りですね。気合いが足りませんでした、頑張ります！」と答えました。しかし、もちろん私も仕事中、上司が言われるようなことはやってきているのでした。

それなのに、上司の言う頭を使うと私が思っている頭を使うはまったくの別物、どこが違うのでしょう。

その答えは、ずいぶんに後になってからわかりました。結局、頭を使った結果、進歩という成果物を得られるかどうかの違いでした。

上司の言う頭を使うとは脳を覚醒させることであり、私の言う頭を使うは考え生み出すことでした。進歩が望める職種で無い仕事のことを「頭を使わない」仕事と表現していたようです。

◆仕事が時間の切り売りから生きがいへ

私には、仕事が時間の切り売りから生きがいへと変わった時期があります。進歩の要素が無い単純作業の職場から進歩しなければ一歩も先へ進めない忙し過ぎる頭脳労働の職場へ、その後業務改善担当係長として独り立ちという経歴があります。この間、生きがいの質が、進歩獲得の生きがいから進

歩を役立てる生きがいへと変化していきました。

入社以来、ずいぶん長い間将来のビジョンが描けませんでしたが業務改善担当係長となった今、ようやく「自ら進歩し、他を進歩させること」こそ、自分が望んだビジョンであったことに後から気付きました。

しかし、業務改善担当係長という役割を得ても気を付けていることがあります。それは能力を目立たせないことです。さりげなく解決しサッと身を引き次のテーマへ取り組む、これを最善としています。

仮にこの逆、いい気になってこれ見よがしにアピールしたりすると、やっかみや中傷を受けくじかれるでしょう。また、勝手にライバル意識を燃やす相手を呼び込んでしまう可能性もあります。

◆ちょうどいい仕事量とは？

会社には、定刻で帰れる人もいれば夜間にならなければ帰れない人もいます。両者の仕事量にそれほど差があるのでしょうか。

そうとも限らないようです。私は両方経験しました。入社後数年間は前者、その後10年以上は後者、更にその後業務改善担当係長になってからは前者。

入社後数年間は、文字通り誰がやっても時間をつぶした分だけ同じ成果が出る単純作業をくり返していました。営業所の仕事とはそういうものです。定刻には帰れるものの私にとっては苦痛以外の何者でもありません。バケツの水を右から左、左から右へと移し替える作業と何ら変わりません。仕事をしながらも終業時間までの待ち時間が果てしなく長く感じていました。

ところが周りの人達はそうではありません、額に汗し充実している様子。結局、私がどのように感じようと、営業所の仕事量はちょうどいいのでしょう。

その後10年以上は毎日夜間帰宅、改善と効率化を図らなければ一歩も先へ進めない頭脳労働の職場でした。この期間は、苦しくもあり楽しくもあり、時間を忘れて打ち込んでいました。この職場では、個人が持つ仕事量には明らかに差がありました。できる人には大量に集まり、それなりの人にはそれなりの量が集まります。

しかし、いずれもその人の能力一杯一杯まで詰め込まれますので、皆自分が一番大量の仕事をかかえ忙しいと思っています。これが、その組織にとってはちょうどいい仕事量なのでしょう。

さて、そこは能力フル回転を求められる職場だけに、多くのエネルギーを必要とし疲労も激しいはずですが、私の場合そうでもありませんでした。営業所で単純作業をやっていた頃の消耗に比べれば、ゼロに等しいと感じていました。

このような経験を経て本店業務改善担当係長となり、ここ数年は定刻で帰れるようになりました。とは言っても、私の仕事量が減ったわけではありません、むしろ増え続けています。課題発生から解決までの時間が、短くなった結果と思います。

◆価値は努力と進歩の中に

私には、忙し過ぎて大変という職場が向くようです。能力限界まで頑張っても終わらない、できなければできるまでやるという経験を数多く積みました。必要に迫られ、もがき苦しみながらも打開策を生み出すことに充実さえ感じていました。

それは、今までのやり方に少し工夫を加えることだったり、根本的にやり方を見直すことだったり、パソコンを高度なレベルで使いこなすことだったりしました。

このような経験をたくさん積んだせいか、今ではパソコンを使う業務ならひらめくように効率化構想が浮かぶようになりました。

ふと、思うことがあります。私の場合、単純労働の職場に置かれると自己無価値感に支配され、うつに傾き忙し過ぎる職場に置かれると生きがいを感じます。

なぜでしょうか。結局、できなければできるまでやる「努力とその成果」に価値を感じているのだと思います。

しかし、皆一様にそう感じる訳でもありません。満足できる努力には、人それぞれハードルがあるようです。現状に満足しているなら、それ以上努力せず毎日酒ばかり飲んでいるし、努力しても届かない環境にいるならうつに傾きます。人それぞれちょうどいい努力のハードルがある職場が、適材適所なのでしょう。

さて、相手のちょうどいい努力のハードルを知るには、その人が忙しさに置かれた時の態度を観察するとわかります。ただでさえイライラしている状況ですから、ミスを訂正させたり追加オーダーを持って行ったりした時、それは現れます。すでにそのハードルを越えている人なら、「めんどくせぇなぁ」と反発したくなります。

一方、ハードルの高い人は、やれるやれないは別にしても少なくとも「やるつもり」で受け止めます。組織が適材適所へ人を振る際、最初の見極めはここです。その後は、能力相応落ち着くべき所に落ち着くようになっています。

◆私にとっての自己実現とは

会社人生は、どのような上司に出会うかでバラ色にも灰色にもなると思います。私もご多分に漏れず、入社当時から尊敬できるすばらしい上司と仕事をしたいと強く望んでいました。

しかし、何年何十年たっても、そのような理想的上司と巡り会うことはありませんでした。むしろ、このような人間にだけは絶対になりたくないし、使われるのもまっぴらという人ばかりでした。たぶん、皆さんも同じような経験をしていらっしゃると思います。

さて、何を持って尊敬できる上司と定義づけるのか、若き日思っていた理想と現在思っている理想には大きな違いがあることに気付かされます。

若き日、上司に求めた理想は、どちらかと言うと甘ぁ〜い綿菓子に包まれた自己愛を満たしてくれる人間関係のことを指していました。

ところが、十数年もたった現在上司に求める理想は、相手対自分の人間関係などどうでもよくて、相手が組織の歯車として理想的役割を果たしていることを指しています。

上司の役割は「部下に仕事をさせること」「生産性を高めること」、その手段は十人十色、自己顕示で張り切る人、心理学を駆使する人、感化力で人を動かしてしまう人、その他様々な人がいます。どのような手段であれそれはその人の個性、歯車として優秀なら、何でもありの世界と思っています。こう思わなければやってられないし、その世界を理解することさえできないでしょう。

「会社は自己実現する所ではない」と耳にすることがあります。

しかし、そうでもありません。「進歩」という方面において、無限に自己実現の余地が残されています。私の上司への理想像が上述のように変化していったのもしかり、人間関係に対するとらえ方や私の主たる業務「効率化推進」の高度化もしかり。

「進歩」の中に身を置く限り、自己実現しないものなど何もありません。

どの会社でも、仕事や人間関係が自分の理想通りになることはないと思います。このような現実を知るなら、今勤めている会社が多少気に食わないからといって、すぐに新天地を求めるのは得策ではありません。

それよりも、今勤めている会社で、どのようにしたらその環境に調和していけるかを真剣に考え、実践していく方が成功への近道と思います。もちろん、あまりに理不尽な相手とは上手に戦うことも調和の内ですし、ワザと負けて利を取るのも調和の内です。

ストレスの元凶は、理想像と現実のギャップ。それなら理想像の方を現実が手の届く形にねじ曲げ、うまく泳いでいこうとする発想が私の主張です。

「つまらないことに巻き込まれず、能力の限りを尽くし進歩の喜びを味わう」

これが、私にとっての自己実現です。

◆適正から才能へ

これまでの会社人生を振り返ってみると、資質を「適正」で磨き「才能」が芽生えたという感じでしょうか。人の資質は客観的に知ることができても、自分の資質はさっぱりわかりません。

しかし、適正なら大ざっぱですが「自分は肉体労働より頭脳労働に向く」と感じることができました。更にその先にあった業務改善への興味は、人から「それは才能だ」と指摘されなければ自覚すらできませんでした。

それが才能という名なら、そこに至るまでの道のりは果てしなく遠いものでした。「できなければできるまでやる努力の積み重ね」、これだけで突っ走ってきたような気がします。

たぶん、努力をやめていたら、持て余す時間で頭をかかえ込み同じところを堂々巡りしていたと思います。

◆失敗をどこまで自分のもとするか

毎日、仕事をしていると失敗したり手戻りしたりすることがあります。そのような時、教育を受けていなければ、真っ先に言い訳を考え失敗を環境や人のせいにし自分は悪くないと主張するでしょう。もちろん、それは会社では通りませんので、いかに失敗の可能性を減らすか、あるいはいかに上手に後始末をするかが勝負となります。

自分の失敗はもちろんのこと、例え失敗の原因がその仕事を任せた相手の過失だったとしても、その失敗を未然に防ぐ可能性が自分にあったなら自分の責任としてとらえ、同じことをくり返さないよう対策を打つのが普通の社会人です。

◆仕事のどこに生きがいを感じるか

これまでの会社人生を振り返ってみると、私にとって生きがいを感じる場面は二つありました。

一つは、師匠と思える上司に巡り会い一緒に仕事をした時です。正に「人生意気に感ず」ということわざ通り、この上司のためなら例え火の中水の中ひたすら全力を尽くすのみ。その上司と一緒に仕事をすること自体に、大きな喜びと生きがいを感じる経験をしました。

さて、この上司のどこが私にそうさせたかというと仕事能力は言うに及ばず、その方が持つ人徳でした。我が身を顧みず組織のために尽くすその姿は、私や周りの方々を感化させるには十分でした。加えて思いやりや人情を持ち合わせていらっしゃいましたので誰からも慕われ尊敬されていました。私もその中の1人に過ぎません。

この上司との出会いは、忙し過ぎる職場で能力ギリギリ時間との闘いをしている頃でした。この頃の私は、自分の能力を磨くこと以外に興味がありませんでした。人に構っているヒマなど無く、息抜きの雑談や仲間内の飲み会等にも参加しませんでした。

恐らく、私は人を寄せ付けない雰囲気を漂わせていたに違いありません。このような私でも、その上司の感化力に触れ自己改革の意志が芽生えました。能力の使い道を自分のためから人のためへとシフトし始めたのです。更に他者への接し方にも、この上司ならこの場合、どのように判断しどのように行動するだろうかという視点を持つようになりました。

この上司との出会いが、後の「腐ったリンゴは食べられるところだけ食べる」の信条の原点となりました。

もう一つは、努力に価値を見いだした時です。振り返ってみると私にとって学生時代の努力は、学んで資格を取る目標で完結していました。

ところが、会社での努力には完結する目標などありません。私の場合、入社当時から現在まで環境に合わせ以下のように目標を設定してきました。
1. 入社直後、適正の無い単純作業の職場から抜け出すこと
2. 忙し過ぎる頭脳労働の職場で人並みに仕事ができるようになること
3. 能力向上ためエクセルを極めること
4. エクセルを駆使した業務効率化を図り時間効率を上げること
5. 自分のためから人のためへ（エクセルツールの水平展開）
6. 業務改善担当を任され、役割として業務効率化ツールの開発のみならず、仕事のやり方まで改善し総合的な効率化を進めること
7. 「仕事をさせるためには何でもあり」という奇っ怪な会社モラルへの耐性を高め、その特性を利用しながらうまく泳ぐこと（他を助け、自分も助ける）
8. 「腐ったリンゴ」でも、やる気さえ見せるなら最後の最後まで助けること。
中でも8が最も難しい。1~7の段階を踏んだ後でければ達成し得ないからです。

さて、私が歩んだ上述1～8の過程で獲得した努力の価値は以下のようなものでした。

1. 私の適正は頭脳労働にあり、興味分野で努力できること
2. 自分のためにもなり、人のためにもなること
3. できなければできるまでやる根性を持ち続けること
4. 創意工夫を重ね、最善を尽くすこと
5. 随所に成果が現れていること
6. 数多くの達成感を経験し、進歩が生きがいとなっていること

◆生きがいの芽生えは熱中で自覚

管理部門へ転勤したての頃の私は、自分の適性に合う頭脳労働であるにも関わらず、忙しさのあまり生きがいを感じることはできませんでした。

しかし、熱中なら感じることができました。熱中とは、仕事に集中するあまり個性としての自分の心が無くなっている状態のことです。

自分が心を持った人間であるという感覚を離れ、いつの間にか役割そのものになっていました。時間はあっという間に過ぎ、毎晩夜遅く帰宅していました。ところが不思議なことに、あれだけ熱中していながらまったく疲れていません。それどころが、心地よい充実感さえ感じていました。私にとって、これが自覚できた生きがいの芽生えでした。

◆本物のエリート課長との出会い

私が支店係長の頃です。本店の係長から直属の課長として赴任されてきた36歳の方に仕えたことがあります。私にとってはサラリーマン人生、最初で最後、心の底から師匠として尊敬できる方です。

当時、私の業務は大きく二つあります。一つは一日5～10件ほど降ってくるオーダーを実施できるように決裁文書をひたすら作成する起案担当。もう一つは業務改善担当として自担当、他担当の作業効率化に貢献すること。今で言うRPA化の一種のことで、エクセルの関数・マクロ・VBAを使って、担当者の希望をいろいろと叶えて差し上げるというものです。

この課長の何が凄くてどのような点を尊敬しているとか申しますと、第一に部下に振る大量のオーダー、私に対しては決裁の起案内容を指しますが、すべて自分でも高いレベルでできること。第二に部下に振ったオーダーは、必ず自分でも隅から隅までかなり細かい点までチェックしフィードバックし、常に完璧を求めます。

ですから、一つのオーダーで起案文書を決裁ルートに乗せるまで、何回も手直しを求められます。それらの一つ一つが高度な認識力からほとばしる助言だと実感できましたので、私にとっては毎日が進歩の喜びです。

しかも、私が最も凄いと尊敬したのはその人格。いつも爽やかで声色もいつもご機嫌なのです。私に対するオーダーは決裁の起案が主ですが、他の担当者への様々なオーダーに対しても同様です。

何度もやり直しを迫られるそのスタイルを嫌がる担当者、喜んで受け入れる担当者、そもそも、そのペースについて行けない担当者と様々な人間模様がありました。不足分は、当該担当者を叱りつける訳でもなく課長自身がひたすらフォローされるというスタイルです。出来すぎですね。

このような優秀な課長を周りが放っておく訳もなく支店部長や支店長、本店の課長や部長等、周りの管理者皆さんが厚い信頼の態度で接せられていることが傍目からも感じられました。

見ようによっては、個人という個性を超えて完全に仕事と一体化してようにも見えます。その思いは私にも伝染しました。運が良ければ、このように自己の資質が求める方向で、非常に優秀で人徳を備えた上司のもとに仕える機会を得ることもあるでしょう。

この課長のためなら、ひたすら全力を尽くすのみと一緒に仕事をすること自体に、大きな喜びと生きがいという経験をしました。

その後、その課長と別々の職場で、それぞれの仕事をすることになっても、その頃の仕事に向き合う姿勢は、その課長が乗り移ったごとくでした。

このような経験は、自己の資質と適性における努力の方向が同じくして、先を進む優れた師匠に出会えた時だけに起きる現象と思います。

◆優秀な方がおちいりやすいワナ

高度な仕事では一つのミスもしないような優秀な人が、そうでもない仕事では、しょっちゅうミスするということがあります。

自分の興味分野では本気で懸命に取り組みますが、そうでない誰でもできるような仕事では、どこか上の空になってしまうという現象です。

自分で仕事を選ぶ傾向がある人に多く見られるようです。

「こんな低レベルの仕事などやっているヒマはない、こんなのは自分の仕事ではない」という気持ちがあります。

これも一つの向上心には違いありませんが、自分のことしか考えていません。自分が取りこぼした仕事には、必ず、それをカバーする人がいて、その人の労力と時間を奪うことになります。自分の手抜き仕事が、他の人々の仕事を増やす結果となります。

優秀な方が仕事を選ぶという姿勢は、時に人生そのものを台無しにしてしまうことがあります。

例えば、優秀な人が意気揚々と希望通りの会社の営業所に入社しました。しかし、営業所での単純労働を何年かくり返しているうちに、次第に仕事自体に興味を失い、自分はこんなくだらない単純労働をするために、この会社に入ったのかと絶望してしまいました。周りを見ても、中年を越えた係長が、自分と同じ単純労働を懸命にやっている姿があります。また、課長はというと自席でのんびりと新聞を広げている姿があります。自分の将来の行くつく先も、あれと同じかと思うといたたまれない気持ちになってきます。

毎朝、仕事に出かけるのが辛く頭痛と吐き気、そして、居ても立ってもいられないような焦燥感、この世の終わりのような気がしています。悶々とした日々が続き、やる気も消え失せ、仕事にも次第にミスが目立ち始めました。

その人本来の優秀性を発揮できる場は、そこにはありません。そのような思いは、周りには通じません。通じないどころか、その姿は周りから見ると、極めて能力が低い者のように見えます。

従って、管理者もその人を現在の職場以上の能力を要求される部署にはなかなか推薦できません。悪循環なのです。そのまま、3年たち5年たつうちにノイローゼになってしまいました。

会社には、能力相応の部署や地位というものが用意されています。もし、入社段階で、今は単純労働ばかりしていても、いずれ自分本来の能力が発揮できる部署もあり、前途に希望があることを確認していたなら、まったく違う展開になっていたでしょう。

希望さえ持ち続けていたなら、今の単純労働は誰でも通過するワンステップと考えることができたはずです。今は、単純労働しかやらせてもらえなくても、持ち前の優秀さで創意工夫を加えることに喜びを見出すこともできたでしょう。

そのような姿こそ、その部署を早く卒業する手助けとなるでしょう。

◆能力に火がつく時

会社で経験を積みある程度以上の能力を獲得すると更にその上を行く、師匠的存在を上司に求めたくなります。しかし、自己の能力が上がるほどそのような上司に巡り会える機会は減っていくのが実情です。

しかし、運が良ければ、自己の能力よりはるか上空を飛び回っているような凄い上司に出会えることがあります。

ひたすら、その上司を手本として能力を吸収したい。その上司と一緒に仕事をすること自体に、大きな喜びと生きがいを見いだすという経験をすることがあります。

このような経験をした者にとっては、日頃の仕事上の苦労や人間関係のしがらみなど何の意味も持ちません。その後、例えその上司と別々の職場でそれぞれの仕事をすることになったとしても、そのときの気持ちの高まりは決して衰えることはありません。

それどころか、ますます自分の中で勢いよく燃え続けていくものです。その上司のもとで働いていた頃の自分そのままに、その上司だったらこの問題はどのように解決するかという観点から物事を考え熱中するものです。

◆能力の土台は必要に迫られてこそ

毎日、仕事が忙しすぎて大変という社員は、能力を発展させる最高の環境にいます。なぜなら、忙しい社員は、常に必要に迫られるからです。

例えば、これまで8時間を要して仕上げていた仕事をどうしても1時間以内に仕上げなければ処理が追いつかない状況になったとします。

すると、どうしたら実現できるか必死に考え試行錯誤します。このように一つのことに集中的に取り組み出口を求める必要に迫られると、それを実現する方法があれこれひらめくように浮かんできます。その中から、有効な方法をいろいろ試しているうちにピッタリの解決方法を発見することがあります。それは、今までのやり方にちょっとした工夫を加えることであったり、やり方を根本的に見直すことだったりと様々です。

しかし、この時代ですからグーグル先生のお力を借りれば、やり方や発想、部分的方法を思いつくだけで簡単にそれを実現してしまいます。

日頃から、必要に迫られる仕事を数多く経験している社員はいずれ仕事の達人となるでしょう。毎日が能力の限界との戦いですが、その蓄積は比例曲線とはならず立体的に成長します。

つまり、これまで10の能力を努力して12に引き上げてようやく問題解決できていたのが、いつの間にかその能力の土台が100に蓄積されていて、同様の努力でも120の能力を発揮し得るという現象が起きます。

更に大きな難問と突き当たって、必要に迫られ2割り増しの努力をしたとして、1200もの能力を発揮し得るわけです。100の能力を120にする努力と、1000の能力を1200にもっていく努力は、ほとんど同じですが、トータルとしての力の差は歴然としています。ここが凡人と仕事の達人との違いです。

◆努力とは絶対的価値

会社での成功は、何も偉い役職に付くことだけではありません。与えられた環境で常に集中し最善を尽くした結果であるなら、例え定年まで社員のままであっても、また係長にしかなれなかったとしても、自分の人生に悔いはないものです。悔いがあるとしたら、さしたる努力もせずに不平不満ばかりこぼし、自分の出世できなかった理由を、人や環境のせいにばかりにしているような場合です。

このように考えてくると、出世というものの価値は極めて相対的なもので、人それぞれの感じ方次第ということになりそうです。しかし、これまでの会社人生を振り返って、成功したか失敗したかという問いに対しては明確に答えることができます。

職場で、何事にも精一杯努力して取り組んできた人にとっては成功であったし、ただ何となく惰性で時間の切り売りをしてきた人にとっては失敗だった訳です。

このように考えてくると、努力とは絶対的な価値なのだと思います。しかし、ひとことで努力と言っても漠然としていますので、四つの要素に分けてみます。

一つ目の要素は目標を掲げていること。二つ目は一所懸命に取り組む姿勢。三つ目は成果を確認できること。四つ目は継続することだと思います。

努力を重ねた人は、同時に数多くの達成感を経験しています。達成感からは、進歩と自信を得られそれが生きがいとなり継続の原動力となるでしょう。

◆出世したいのにできない人の特徴

日頃の努力が実って、ようやく希望するポジションを与えられました。さあ、これからが本番だというのに、途端に満足してしまって、これ見よがしに鼻持ちならない態度を取ったり、これまで付き合いのあった人々に、ことさら見くだすような言動や態度をとったりします。このような人は、なかなか出世できません。なぜならば二重のマイナスの要素に支配されるからです。

一つは、周りからやっかみや中傷を受けて失脚させられやすいことです。もう一つは、満足仕切って努力を中断してしまうことです。認められた途端に満足する人というのは、一度認められるとその将来まで保証される魔法の切符を得た思うものです。

このような思いは潜在意識に沈むかも知れませんが、一度認められただけで途端に満足して努力をやめてしまう人の本質はこの辺にありそうです。

もともと努力することは苦手で、何か功利的な方法はないかと常に考えているようなタイプです。ですから、楽をするための努力は惜しみません。矛盾するようですが、この人たちの感覚の中ではきちんと整理が付いています。

その拡大パタンが、学生時代から必死に努力しトップクラスの成績で頑張ってきた人が希望する会社に入った途端に安心し切って、その後、何の努力もすることなく時間の切り売りに終止し虚しい人生を送ってしまったというようなものです。

次のパタンは、出世の階段をちょっと踏み外しただけで、あるいは数年留年しただけで、すぐに自暴自棄になって転落していく人です。このパタンの人達には忍耐力が欠けています。壁や困難に突き当たると、途端に尻込みするタイプです。

しかし、尻込みして逃げるだけでは、あまりにも悔しいので、愚痴や不平不満という形で外へ出ていきます。

これ以外の反応は、酒に明け暮れたり、株やギャンブル等、何か目立つようなことを始めたりします。しかし、結果は、自己嫌悪を呼び込むだけでしょう。

◆仕事と一体化するとき

仕事に熱中している内に、いつの間にか自分という個性が無くなって仕事と一体化していることに気づくことがあります。

このような経験をしている人にとっては、一日の労働時間はあっという間です。また不思議なことにまったく疲れませんし、充実感で満たされています。仕事と一体化すること自体に喜びと生きがいを感じる経験をすることがあります。自己の適性を生かした仕事で能力を発揮している時の感覚です。

◆仕事に対する思いには発展段階がある

まずは、必死に仕事を覚え、とにかく一人前になれるようがむしゃらに頑張っている状況があります。

次の段階では、仕事の内容と自分の役割がよくわかる頃には、仕事をすることが楽しく生きがいを感じるようになりはじめます。

更にその先には、これまでの仕事のやり方に様々な創意工夫を加え、より効率化を進めることに進歩の喜びを感じる段階があります。

以上は、ルーチンとかノルマと言われる自分に与えられた定常業務を次々に消化している時に得られる喜びです。

その先はプロフェッショナルの領域、様々な応用問題や難問に立ち向かい解決に導いたり、無から有を生み出したりして、新たな価値を生み出す喜びを感じるようになります。

この段階に来ている人は仕事上怖いものはありません。むしろ、困難が大きければ大きいほど征服の喜び感じるようになります。

しかも、この頃になると様々なひらめきという実力も付いてきます。しかも、成功に導く確かさがあります。

◆失敗から学ばない姿勢の落とし穴

仕事上、何かの失敗で上司に注意されると、反射的にふて腐れたり真っ先に言い訳をしたりする人がいます。このような態度でいると、いくら有能でも進歩しないでしょう。

このように「失敗から学ばない」人は、決して意識して学ばないのでなく、失敗に対する姿勢が結果的にそのような学ばない態度となっている訳です。ですから、自分では、なかなか気が付きません。

このような人が、同じ失敗を何度でもくり返します。

◆適性を掘り当てるには

現在、取り組んでいる仕事に生きがいや使命感を感じている人は幸福です。人生を最高に輝かせている人と思います。

しかし、そこまでの道のりには、数え切れない苦労や困難があったと思います。砂漠のようなつまらない仕事を何年もさせられたり、イヤな上司の機嫌をとらなければならなかったり、一所懸命頑張ってみても、なかなか認めてもらえなかったりと、様々な下積みの上に現在の自分が成り立っています。

ある程度、経験年数を重ねた普通のサラリーマンなら、最初から何の苦労もなく喜びのうちに仕事をやってこられたという人は皆無と思います。

仕事に、生きがいも使命感も持てなければ、生活に必要な収入を得るためだけに生命を切り売りしていることになるでしょう。そうなると、仕事は苦痛でしかありません。同じ働くにしても、自分の適性を生かした仕事をしている時には、生きがいと大きな喜びを伴います。一方、適性のない仕事を強要されているなら、いくら収入が良くても苦痛でしかありません。結局、自分の潜在意識が適性を伸ばしていく仕事こそ与えられた使命であり、苦痛を感じる仕事は、その方向ではありませんよということを教えているのだと思います。

しかし、普通のサラリーマンの場合、好むと好まざるに関わらず仕事は上から降ってくるものなので、自分の好みで選ぶことはできません。また、何年も同じ仕事をやっているわけでもありません。サラリーマンの場合は、複合的な要素が複雑にからみ合って、結果として、今の仕事は、実は自分の適性に合っていたということに後から気づくことが多いようです。ですから、今自分の仕事に適性を感じていないとしても、あきらめずに努力を重ねている内に、急に道が開けることがあります。

例えば、今の仕事に対して生きがいを感じているわけではなかったけれども、長年、苦労や困難に耐えながら努力だけは続けてきた人が、あるきっかけで何となくひかれる分野をみつけて、そちらに力を入れて仕事をしてみたら、これまでの下積みが大いに役立って大成功を収めたということがあります。これまで長年耐えて身に付けてきた実力は、そのひかれていった仕事をするために必要な前段階だったということが、後からわかるようなことがあります。

他にも、これまで仕事がつまらなくて仕方がなかったけれども、長年やっているうちに、その職種で様々なことが深くわかるようになり、つまらなかったはずの仕事が面白くなってきたということもあります。これは、そのつまらないと思っていた仕事の中に、もともと自分の適性を発揮できる部分があったのですが、実力がある程度以上になるまで、そこに気づかなかったということです。

このように、自分の適性を掘り当てるには、そこにたどり着くまでの地道な努力が必要なのだと思います。

◆学びの蓄積は常に役立つ

世間一般の会社では、高校や大学で習ったような高等数学や専門知識は、直接的にはほとんど役に立ちません。

しかし、これまで苦労して学んできたことは、決して無駄になっていません。これまで身に付けた様々な知識が互いに連携し合って、新しい問題に立ち向かうときの足がかりとなるからです。

また、学生時代、寸暇を惜しんで朝から晩まで一所懸命、高度なことを考え続け、それに耐えられるような頭脳に鍛え上げたことは、会社で仕事をしていく上で、非常に強力な武器となっています。

普通のサラリーマンは、入社してしばらくはルーチン業務が主と思います。しかし、階段を重ねるに連れ、高度で何が何だか訳がわからないようなオーダーをひっきりなしに処理しなければならなくなります。

そのためには、パソコンを高度なレベルで使いこなせることが必要となったり、問題解決に向けた知識の組み合わせを自分の頭の中から素早く選び出せる能力が必要だったりします。また、高度な分析等で、長時間、頭脳を酷使しても耐えられることも必要です。ここに、学生時代、頭脳を鍛え上げてきた成果が現れます。いわゆる基礎が出来ているのです。

一方、学生時代、ろくろく勉強もしないでのほほんと暮らしてきた人は、こういう所で踏ん張りがききません。結局、それまでの遅れは社会に出てからの苦労で取り戻すことになります。その分、出遅れるわけですが、会社に入ってからも自己研鑽を怠らず、そこで必要とされるスキルレベルを上げていかなければ次の段階はありません。

◆窓際に追いやられたとき

会社で自分が望む仕事を与えられた時には一所懸命やりますが、望まない仕事を強いられたり、左遷されたりすると、途端にやる気がなくなり不平不満を言いたくなります。

自分の望む仕事を与えられている時に頑張るのは容易いですが、望まない仕事を強いられている時がその後の運命を分けると思います。

例えば、今まで、第一線でバリバリ仕事をしてきた人が、何かの理由で、窓際のような閑職に追いやられた場合です。

このようなとき、絶望と不安に襲われるのは無理もありませんが、自由に使える時間が増えたわけですから、その間、自己研鑽にはげめばいいだけのことです。

そのような姿勢である限りは、見捨てられることはないでしょう。

上司や周りの方々は、その人が不遇な時に、どのような態度で立ち向かうか意外に興味を持って見ているようです。

不遇な時に、いかにも不遇な人が取りそうな投げやりな仕事をするなら、「まあ、妥当な判断だろう」という評価がくだされ、その後、報われることはないでしょう。

◆進歩自体が喜び

昇格は、その人の能力、実績、人間性が総合的に評価された結果です。それによって、係長の立場、課長の立場、部長の立場などの役割を与えられます。

地位が上がれば、それ相応の環境で仕事をすることができます。地位が一つ上がれば、見える世界はまったく違ってきます。

これは大きな喜びです。新しい環境でより高度な仕事に従事し成長していけるのですからこんな幸福はありません。このように進歩すること自体が喜びとなるでしょう。

会社に入る前の学校の選ぶ際も、やはり少しでもいい学校に入り頭のいい人たちと一緒に勉強したいと思いますし、就職にしても、少しでもいい会社に入ろうと思います。

◆仕事の充実感とは

仕事のできる人とは、現実によく働いている人のことだと思います。また、自己の能力に応じた優先配分とそれをいつまでやらなければならないのかを同時に判断しています。学校の試験で言えば、自分にとって短時間で解ける問題から先に終わらせ、結果的に良い点数に結びつける方法と同じです。

一方、仕事のできない人に共通する特徴は、その反対ですね。学校の試験で言えば、出題順に解いて時間切れで、本来解けるはずの問題を取りこぼしている姿と同じです。

また、仕事の成果に対する報酬は仕事そのものによって与えられていると思います。つまり、その人の能力に応じた「より高度なやりがいのある仕事」という形で与えられるようです。その成長課程自体が働く喜びであり報酬でもあります。

持てる能力を発展させつつ、より高度な仕事を獲得できる。その充実感は、趣味や遊びの喜びとは比較にならないと思います。

第四章　認識力

◆認識力は水面下の土台に例えられる

安定感の話をする場合、よく例に出されるのが、あの大海原に浮かぶ氷山の姿です。氷山というものは外から見えている部分は、ほんのわずかですが、水面下には非常に大きな立体的な土台がありますす。あのように大きな土台があるからこそ、見えている部分が安定して浮かんでいられます。

サラリーマン社会で得た認識力も、仕事面においてまた対人関係においても同様の関係があります。水面下には、これまで何年も生きている間に身に付けた、様々な知識や経験が結合して智恵という形で詰まっています。

いつもは思い出せないことでも、関連するできごとがあると、過去、このように行動したら、あのような結果になったということを思い出すことができます。

また、その当時は、失敗するような方法しか思い浮かばなかったとしても、現在なら、このように行動していれば成功していたはずだということがわかるようになっています。

このように智恵は、知識と経験を加えれば加えるほど、相互の智恵とも連携し合い、立体的にいくらでも成長していきます。これまで自分の中では不可能と思っていたことでも、智恵を増すにつれ可能に変えていけることはいくらでもあります。

仕事面においても対人関係においても、優れた人ほど、この見えない部分に大きな蓄積を持っています。

仕事面であれば、例えば、エクセルで関数・マクロ・VBAを駆使して新たに業務効率化ツール一つ開発する場合です。オーダー元の希望とインプットとアウトプットを与えられただけで、その中間部には、長年蓄積した開発経験から付加価値としての様々な改善点、ヒューマンエラー防止対策、効率化方法等が次々と浮かんできます。同時にシステムの全体像がビジョンとしてすでに脳裏に投影されています。ここまでは、一瞬で完了します。

あとは、それに向かって、実現の過程を踏むという感じです。

また、対人関係であれば、深い高い認識力、鋭い洞察力、そして偉大な感化力というものへとつながっているものです。そして、様々な困難に対しても、それらを、乗り越えていける智恵と自信を持っていて、いつも精神は安定しているものです。

もちろん、仕事上の認識力も「この方法で、うまくいかなくても、次はこの方法がある、それがダメでも、次はこれ、それでもダメならまた次がある」といった具合に、いくらでも智恵を出すことができるものです。

◆やる気さえあるなら

どんなに忙しくても追加オーダーを与えれば、返事だけして受け取る社員がいます。こちらはできるから受け取ったのだろうと思っていましたが、期日直前に「まだ手が付けられません」とかそのまま何も言わないで放っておくこととかあり、往生したことがあります。

こんな調子ですから、他の上司や同僚からは「あいつは信用できない」と陰口を叩かれようになってしまいました。できない約束をするのは明らかに間違っていますので、この点は彼に注意を与えました。

しかし、彼のやる気だけは本物でした。もともと忙しい職場、ひとりひとりがかかえる仕事量も膨大で力仕事だけでは片づきません。解決するには、残業で頑張るか効率化を図るしかありません。

彼の場合、彼なりに効率化を研究していました。分厚いエクセルの本を片手にパソコンとにらめっこ、夢中になって学習しているのですがいかんせんその時間が長すぎます。周りの人から見ると、仕事そっちのけで遊んでいるように見えます。

たまたま、私もその様子を覗いてみるとＩＦ文を複数連ね何やら条件分岐させたいようです。行き詰まっているようでしたので少し助言するとたいそう喜んでくれ、それからは、ちょくちょく私に尋ねに来るようになりました。

このような人材はめったにいません。大部分の方々はルーチン人間、与えられた仕事を与えられた方法で機械的にやるだけです。そのルーチンをより進化させることができるのは彼のような存在、大切に育てたいと思います。

◆その話、要点は何?

画期的な製品を考案した入社4年目の社員が、会議室でプレゼンテーションをしています。

「この試作品ができるまでには、２年間の歳月がかかりました。特に、ここの部分の強度を保つためには、何百回、何千回やり直したかわかりません。使った材料はチタンと・・・」

と言いかけたとき、説明を聞いていた幹部のひとりが急にプッツンと切れました、

「わかった。お前の話はまわりくどい。結論を言え、結論をっ！」

「ですから、この製品は、チタンと・・・」

と、その社員もムキになって、またそこから説明しようとします。

まだ経験が浅い社員にそんな言い方しなくてもいいのにと、私を含め皆さんも思いながらも口をつぐんでいます。この社員には、「結論を言え」と言われた意味がわかっていません。

誰でも大きな仕事を成し遂げた後は、その過程でいかに苦労したか、いかに高度で複雑な手順を踏んでそこへたどり着いたかを真っ先に伝えたくなります。

しかし、説明を聞いている皆さんは、そんなことに興味はありません。出来上がった試作品が、どのように役立つものかを真っ先に知りたいし、それをどのような所でどういう使い方をすれば、一番メリットを出せるかを中心に考えたいと思っています。

そのような皆さんの欲求を先読みし、その部分を真っ先に答える説明が「結論を言う」ということです。自分の立場は二の次、三の次、相手の立場から考える能力がなければこれはできません。

一方、相手の話の結論や要点をつかむには、それが結論や要点とわかる程度の認識力が自分に要求されます。ここに的外れが多い、その人がそうだと思っていることでも、もう一段高い認識力の人か

らみるとまったくの見当はずれという場合があります。

例えば一所懸命書いた議事録の自信作であっても、上司に見せたら「なんじゃ、こりゃ」ということがあります。

さて、なぜ皆さんが先に結論や要点を求めるかについては、二つの理由があります。一つはもちろん時間の節約、もう一つは人が物事を把握するプロセスに関係しています。

人間の頭脳はパソコンのようにランダムに情報を打ち込めば最後にパッと答えが出るようにはできていません。

人間の頭脳が最も機能的に働くのは、まず概要を知り次にそれを補足する形で情報が入ってくる場合です。この欲求をかなえてやることが、社会では要求されます。

◆相手にわからないことがわからない人

ある係長が臨時で3ヶ月間雇用した単純作業しか理解できない女性派遣社員に対し、画面上のエクセルシートを指さしながら懸命に説明しています。

「お客様への請求額を算出するには、例えば、工場設置のゴミ焼却炉をメンテナンスするのに作業員一人あたりの稼働は4時間、現地までの往復時間は2時間30分として1日1往復で終わる場合もあれば2日かけて2往復を要する場合もある。また作業する時間帯により基本単金・夜間単金・深夜単金があり・・・」と延々と続きます。

派遣社員は、固まったまま真剣に聞き入っています。時折、その係長が「わかりましたか？」と念押しすると派遣社員は黙ったまま考え込んでいる様子。

すると、その係長は、また最初からわかるはずも無い長い説明を延々とくり返しています。派遣社員の耳には、それが音としてしか認識されないことに気付かないらしい。

その様子を見かねて、私が派遣社員の代わりにその係長の説明を一通り聞きエクセルシートに手を加えさせて頂きました。すなわち、難しい理屈はエクセルが理解し判断するようにしました。そして派遣社員には「ここところに、このデータを打ち込んでください。その結果はここに表示されます」と誰でもわかる指示を出し一件落着。

◆指示法いろいろ

優れた上司はオーダーを出す際、すでに出来上がりをイメージしています。それを部下が頭に描けるような説明から入り、求める方向性とポイントは何かということを十分伝えています。

出来上がりの姿と骨組みを考えるのは上司の仕事で、部下はそれをできるだけ忠実に実現するのが仕事です。

一方、オーダーたれ流しの上司もいます。忙しく動き回ってはいますが仕事はさっぱり進んでいません。複数の仕事を並行してこなすのは苦手で、今向かい合っている仕事で手一杯です。ところが、このような上司に限って報告書を受け取る段になって、自分のイメージと合わないと怒り何度も再提出させるようなことをします。そして、ますます忙しい人になっていきます。

◆おしゃべり会議

会議中、思うことを列挙してみます。

1分で伝わる内容を5分、10分としゃべり続ける方がいらっしゃいます。要点薄く、言葉尻に意味の無い長い言い回しがくっ付いています。皆さん忙しい時間をさいて参加しているのに、そんなことはお構いなし。

質の低い会議になると「そんなことは先に上層部で結論を出して、それを周知する形を取ればいいじゃないか」と思うような内容をチンタラチンタラ取りとめのない意見交換会をやっている場合があります。小学生の学級会の方が、時間を限られている分だけマシかも知れません。

他には、出席する方全員に共通したテーマでないのにわざわざ頭数をそろえて開く会議もあります。労務単金の高い人たちを集め実にムダです。自分の役割の範ちゅうでない議題の時はまったくのロス、そこにいてもいなくてもいい時間です。ところが、そこに居合わせることを強制されています。望むべくは、担当者だけ集め要点だけサッと伝えパッと終わる機能的会議。

◆自己啓発や心理学の勉強は必要か

とても、必要と思います。入社したての頃は比較的自由な時間が取りやすいので、この時期にみっちり勉強しておくのがベストと思います。

会社には、地位も性格も年齢も様々な人達が混在しています。この人達と調子を合わせるには、やはり学習が必要です。人への関心を持ち人の心を理解する能力を高めておくことは、何をするにも必ず役立つと思います。

人の心を知った上で判断するのと知らないで判断するのとでは、その結果に大きな違いが出ます。

特に人を使う立場になりたい人は、必須科目と思います。

◆怒り耐性のサイズ

怒り耐性の大小は、どれだけ物事の道理を理解しているか、また人の心をどれだけよめるかと密接に関わっています。

どこまで怒らないでいられるか、その安定感を比ゆ的に表現するなら氷山の姿が近いかも知れません。氷山は外へ出ている部分はわずかですが、水面下には立体的土台があります。その大小は人それぞれ、土台が小さければわずかな波でも見えている部分がぐらぐら揺れてしまいます。ちょっとした相手の言動や態度で怒りがこみ上げてきたり、気分が落ち込んだりします。一方、土台が大きければ同じ事象に出会ってもびくともしません。

どこが違うか。結局、社会でもまれた経験の違いと思います。私自身、もまれた経験の少ない若い頃ほど感情のブレが大きかったように思います。相手と自分は常に一対一の戦い、プライドをかけ勝たなければならないと気負っていました。

会社は人に命令される所、望まないことでも強制される所、それができなければ責められる所。ブライドをかけ戦わなければならない要素などもともとありません。それなのに若い頃はこれがなかなかわからず、あちこちでトラブルを起こしていました。

もまれる経験を重ねるに連れ、徐々にそこでの泳ぎ方がわかるようになり怒り耐性も大きくなっていきました。

「怒らずに解決するにはこの方法がある。それがダメでも次はこれ、それもダメなら次はあれ」と可能性がある限り知恵を出し続けます。

しかし、その結果可能性が無い場合、私も普通の人間何があっても怒らないことなどあり得ません。怒ったとしても、その対処法が若い頃と違うだけと思います。ある意味、若い頃よりその破壊力、影響力は大きいと思います。

◆私の主力武器

私は、組織の価値観や相手の価値観をできるだけそのまま受け入れるよう心がけています。物事に対する好き嫌いや善悪判断は人それぞれ。相手の価値観まで登って行って学習することもあれば、降りて行って調子を合わせることもあります。

このような姿勢でいる限り、人に対しても物事に対しても広くいろいろなことを学べます。そうすると、ある程度未来が見通せるようになります。様々な場面で、その人ならこのように判断しそのような結果に導かれるだろう、その背景には組織のこのような力も働くだろうと前もってわかるようになります。

すると、それが起きる前に手を打つこともできるし、その結果に導くこともできるわけです。怒らない私の主力武器は、これかも知れません。

◆ひらめきのバックボーン

人の仕事に対する姿勢には、大きく二つのタイプがあるようです。一つは仕事をルーチンとしかとらえられない人、もう一つは常に考え発展させようとする人です。

ちなみに私は後者、頭の中はいつも改善と効率化のことで一杯です。どうやったら稼働を短縮し業務をより高次に発展させることができるか、ドロドロの困難や応用問題に巻き込まれながらも、それを一つ一つ解決していくことに喜びを感じます。

しかし、ここまでくるには数え切れない困難や苦労がありました。生み出さなければ一歩も先へ進めない忙しすぎる職場で能力に限界を設けず打ち込んだ日々、その延長線上で急に視界が開けたという感じでしょうか。

以前は「必要に迫られ生み出すこと」を強く実感していましたが、現在業務改善担当係長になってからは使いこなす時期、「見つけたら改善、相手が望まなければ放っておく」へと変化しました。

さて、私は業務効率化を考える際、仕事のやり方の見直しやそのためのツール等構想の8割はすぐ浮かびます。

残り2割は、より便利に・より簡単に・よりわかりやすく、誰がやっても同じ結果が得られるようありとあらゆるパタンに思いを巡らせます。

それこそ、寝ても起きても集中し考え続けます。そうすると、不思議と今まで気付かなかった改善点がひらめくように浮かんできます。それらを一つずつ取り入れ、実現するという感じです。

もうこれ以上、何も思い浮かばないという所までくれば完成。その後は、運用する方々からフィードバックがあれば反映します。

◆信頼関係のカギ

人に仕事をさせる場合、私は相手の認識力に応じた指示を出すよう心がけています。能力ある人には、大まかな指示とポイントだけ伝え後は任せます。

一方、能力があまり優れない人には、細かい指示を与えるようにしています。どちらの場合も、彼らにとってわかり切っことには、言及しないよう気を付けています。

相手の認識力よりも、わずかに上のレベルで指示するとお互いの信頼関係が深まります。相手は、「あの上司は、自分の能力をよくわかっている。よし、是非とも期待に応えなければ」といっそう頑張ります。

人は、わかり切ったレベルにまで口出しされると反射的に「うるさい」と感じます。そうすると前向きな気持ちにシャッターが降りるようです。上司の言うことなので一応神妙に返事だけはしますが、聞いているフリに過ぎません。「わかった、わかった。うるさいなぁ」という言葉が心の中でこだましています。

一度このシャッターが降りてしまうと、次にどんなに大事なことを付け加えてもその部分は聞いていません。相手の認識力を読めなかったための失敗です。

私は、相手の認識力を把握するため顔色をモニタにしていますが、それでも失敗することがあります。相手がみょうに仏頂面をしたり、不自然にニコニコしたりする場合もあれば、「そんなことは、わかっています」と面と向かって反発される場合もあります。

そのようなとき私は、「あっ、すみません。ついわかり切ったことまで言ってしまいました」とやります。このひとことで、相手の不快感は一掃され降りかけたシャッターがサッと引き上げられるようです。

ちなみに、相手の認識力を探り当てるには、高い方から低い方へ接し方を変えた方がうまく行くようです。こうすれば、相手に「自分は能力あるものとして扱われている」と感じさせることができます。すると、相手は期待にこたえようとますます頑張るようになるでしょう。

同じく相手の認識力を探り当てるにしても、低い方から高い方へ接し方を変えると、相手は「みくびられている」と感じます。

◆認識獲得が人間関係解決のカギ

人間関係がうまくいかず、人との付き合いで消耗してしまう人たちがいます。細かく分析すれば、悩みの原因などいくらでもあるでしょう。しかし、悩みの原因をひとことで言うなら、内部の蓄積が足りないことに行きつきます。

内部の蓄積が足りず外に出ている自分が百パーセントとなっているから、人とぶつかるたびに自我が砕け散って苦しくなっていきます。

「自分は裏表のない人間だから、自分に正直に生きているんだ」という考え方もありますが、裏表を使い分けることと内部に蓄積を作ることとは根本的に異なります。

人間関係をうまくこなしている人たちほど、外部に出ている自分の割合が小さく安定しています。内部に蓄積するものは認識であり、人の心や物事の道理をどれだけ深く理解しどれだけ多く蓄積しているかです。これがあればこそ、様々な人間関係に対応していけるようになります。

部下のささいな言動に、すぐにブチ切れたり、取るに足りないつまらないミスをとがめたりして、怒鳴りつける上司がいます。

つまらないミスをとがめることは、自分の認識力が、そのつまらないミスと同じレベルだということです。

客観的に見ても、そのミスは実につまらないものですが、その人にとっては、重要な意味を持っているということがあります。難しいミスは、なぜかサラッと許してしまうのですが、そのつまらないミスだけは決して許せないのです。

また、大事なことはすぐに忘れてしまうのに、そのつまらないミスだけは、いつまでもたっても覚えています。そして、ことあるごとに、

「この前も、こんなミスをしたな」と持ち出し、本人はそれで上司としての威厳を取りつくろっているつもりでいます。

それをいちいち聞かされる部下は、さぞかしイライラしていることでしょう。ただし、あながち悪いことばかりではありません。このような上司にめぐり合えたということは、ワンランク上の仕事を覚えるチャンスでもあります。この上司の能力の足りない分をカバーして余りあるだけの能力を身に付ける必要に迫られます。

必要に迫られれば、否が応でもやるしかありません。サラリーマンの世界では、この必要に迫られるという経験を数多く積んだ者ほど道がひらけるようになっています。

◆失敗の受け止め方

毎日、仕事をしていると失敗することもあります。どんなに優秀な人でも、すべての仕事を一つの

失敗もせずにやってきたという人は、まずいないでしょう。この誰もが経験する失敗に対する反応は、大きく分けて二つです。

一つは、真っ先に言いわけを考え、失敗を、人のせい、環境のせいにして自分は悪くないと主張する、もう一つは、失敗を素直に認め、自分のこととして受け止めるという反応です。

仕事のできる人は失敗の後始末が優れています。失敗を認めると、すぐに何かばん回できるような善後策は残されていないかと考えをめぐらせます。思い当たることがあればさっそく検討してみますし、もはや、ばん回不能であるならば全力で後始末をするまでです。

そして、同じ失敗をくり返さないために、失敗の原因を徹底的に分析、追究し、その根本原因をしっかりつかみ取っているものです。

自分が上司の立場なら、失敗についてでは、もう少し掘り下げておく必要があると思います。すなわち、自分が直接、関わらずに部下が失敗した場合の処置についてです。

例え、失敗の原因が部下自身の過失にあったとしても、その失敗を未然に防ぐ可能性が自分になかったかということから考え始めるでしょう。

「その仕事をする時には、このようなことに気をつけておかなければ失敗するかも知れないということを、自分が先に気づいて部下に言っておくべきではなかったか。忙しさにかまけて、自分はそれをおこたったのではなかったか。あるいは、そもそも、その手の仕事は、その部下でなく、他の適任者にまかせるべきではなかったか」

と、このように考えてきて、自分に部下の失敗を未然に防ぐ可能性があったと思えるなら、部下の過失に対しては、一通りの注意は与えても、それ以上厳しくとがめたりはしません。

そして、次からは、同じような失敗をくり返させないために、上司自身が気を付けるでしょう。

上司がそのような姿勢でいるなら、部下自身も、失敗したことは悔しいし、情けない思いをしていますので、次から、同じような失敗をくり返さないためには、どうしたら良いかを考えるようになるでしょう。

この対極にあるのが、部下が失敗すると有無を言わさず叱りつけるタイプの上司です。しかも、失敗したあとからなら誰でも気がつくようなことを指摘し、厳しくとがめます。いわゆる「結果を見て追い打ちをかける」訳です。

このタイプの上司には、前もって部下が失敗する可能性に思いをめぐらせる能力自体がありません。

このような上司から、責め立てられている部下の心境は、

「そんなことはわかり切っている。どこまで追い打ちをかければ気が済むんだ、そこまでわかっていたのなら、先に言ってくれれば良かったでしょう」と、そこまで気が効くはずがない上司とわかって

いても、反発の一つもしたくなります。

しかし、そのような反発は火に油をそそぐだけの結果となりますので、じっと耐えておく方が無難でしょう。早く切り上げてもらうためには、ことさら大げさに頭を下げて、反省づらを見せるくらいの芸当も必要と思います。

実は、この大げさに頭を下げて見せるという行為一つとってみても失敗経験が生かされているのです。筆者も過去に、何かのことでミスをして上司から叱られている時に、「自分の主張もある。これを言ったら、きっとわかってもらえるはずだ」と思って反発してみたところ、その上司は、わかってくれるどころか聞く耳を持たず、「こんなに注意をしているのに、こいつ、まだ反省していないようだな。よし、もっと厳しく叱ってやらねば」という具合になってきて、非常に悔しい思いをしました。飛びかかっていって上司を殴り倒したいような衝動にさえかられたという経験があります。

あとで冷静になってみると、自分としては、失敗したことよりも、あの上司に、そのような叱られ方をされたことの方が、悔しかったのです。上司の怒りに対して自分も反射的に腹が立ってきて、動物のようにただ反撃したかっただけでした。

では、自分が腹を立てずに済むためには、どのように対応したらよかったのかということを考えてみました。すると、「上司の怒りをしずめるのが先決」だったということがわかりました。上司が怒らなければ自分も腹を立てなかったし、失敗と正面から向き合うことだってできたはずです。

そこで、あみだした方法が「大げさに頭を下げてでも、まずは相手の怒りをしずめる」という手段でした。相手の怒りさえしずめてしまえば、あとは冷静に話をすることができます。

そうすれば、正面から失敗と向き合うこともできるし、相手の誤解が原因の怒りであったなら、それを改めさせることもできると思います。

「自分は、プライドが高いので、そんなマネはできない」という人でも、役者になったつもりで「名を捨てて実を取る」と思えばできると思います。

◆上司の時間は黄金より貴重と心得よ

勤務時間中、上司に何かの報告や判断を仰ぐような場合は、「結論を先に言い、要点以外は話さない」これが鉄則と思います。

ピラミッド型の会社組織では、頂点に近い上司ほど、その下にぶらさがる立体級数的に広がる底辺の人数分の稼働を動かさなければなりません。従って上司の一分間は、その下で稼働する『人数×時間』に匹敵するでしょう。

例えば、部長のピラミッド位置以下が三百人なら300分（5時間）の社員の稼働を決定付ける時間をさいてもらって、今自分とやり取りしていることになります。

部長と社員では、時計で計れば同じところにいても、働きとしては同じ時間の流れの中にはいないということです。

このような事実を知るなら、部下の立場としては、上司の時間はできるだけ多く確保して、上司には上司としての働きを十分果たしてもらわなければ会社が危なくなります。

従って、地位の高い方ほど結論と要点には敏感です。だらだらと焦点の定まらない事柄に関わっているヒマはありません。また、だらだらと並んで嫌われるのが報告のおまけとしてくっついてくる部下の持論や講釈です。

上司が、今報告内容に目を通しているところだというのに、部下が、「この件は○○と思う」などと、「思う」を連発して多弁に口をはさんだりしますと、

「うるさい。お前の意見など聞いとらせん。少し黙ってろ」と叱られるのがオチです。

組織の中では、地位の高い人ほどその職務にふさわしい人物が高度な判断をしているので、あとは安心して委ねておくのが良いようです。部下が思いつく程度のことは、すでにお見通しです。

報告書に目を通し終えた上司は、確認しておきたい部分にだけ質問を返すはずですから、そのとき尋ねられたことにだけ答えれば良いでしょう。尋ねられないことは、その上司にとってわかり切ったことなので。

質問内容を聞いた上で、なお補足しなければ伝わっていないことがあるなら、その初めて自分から簡潔な説明を加えるのがスマートと思います。

◆認識力あっての包容力

包容力のない上司のもとで働かなければならない環境にある部下は大変苦労します。部下が何か失敗でもしようものなら、人の心をまるで刃物で切り裂くような目にあうでしょう。

しかし、逆に上司の方が何かのことで失敗した場合、部下は見捨てるでしょう。一方、包容力のある上司が何か失敗をしたような場合なら、部下は、すぐにとんできて全力でカバーするでしょう。包容力のあるなしは、結局、相手の心を理解しようとする姿勢があるかないかと思います。従って、包容力とは相手よりも自分の認識力の方が高くなければ発揮できません。

ですから、包容力とは、相手のことが理解できず許せないけれどもガマンして見逃してやるという心ではありません。包容力で相手を理解できるなら、その人にどのように接したらやる気にさせられるか、あるいは良い方向に導くことができるかに思いを巡らすことができるでしょう。

従って、相手の心がよめなければ、包容力はありません。会社では地位が上がれば上がるほど、高い認識力に基づく包容力が要求されるようです。

◆逃げ道を与えること

必要があって部下を厳しく追及しなければならない場合でも、完全にやり込めてしまわず、逃げ道をあけておいた方が後々うまくいくようです。

逃げ道をすべて防いでおいて、思う存分、叱ってしまっては、相手は戦いを挑んでくるしかなくなります。討ち死にするか、あわよくば勝ち逃げできるかも知れないと思いは反発に向かう訳です。

部下が開き直って、口汚くののしられ思わぬ侮辱を受けるかも知れませんし、その場は神妙にしていても、どこかで寝首をかかれるような仕打ちを受けるかも知れません。悪くすれば、いきなり殴りかかられて、負傷するかも知れません。そのあとで、部下をクビにしてみたところで、自分も管理能力を問われて、左遷の憂き目は避けられないでしょう。

このような危険をおかしてまで、部下を追い詰めるメリットは何もありません。結局、部下を追い詰める目的が、そうなる前に手を打たなかった自分の責任逃れ、自己保身という意味合いが強いのです。

ところが、同じく部下を厳しく叱るのであっても、逃げ道をあけておいてやると、相手は戦うよりも、そこから脱出しようとします。

例えば、部下を厳しく叱った後、失敗のうちにも間違っていなかった所や、その取り組み姿勢を認めるようにすれば、部下は自発的に同じ失敗を起こさないよう気をつけるようになるでしょう。

普通、仕事で失敗した場合、他ならぬ当人が、真っ先にその原因に気づくでしょう。それなのに、追い打ちをかけるような叱り方で厳しく追及されては反発したくなります。気の弱い人であれば、ますます意気消沈し、次の失敗を呼び込むでしょう。

それよりも、逃げ道を与えて自分の手で失敗を取り戻そうという、新たな気力をかき立てるようにもっていくのが上司の役割です。それでこそ、その部下を戦力とすることができるのです。

◆マイナス面は感化で修正

昔から、「とがめるべき点があれば直接本人に言うべきだ」ということが言われますが、必ずしも良いことではありません。同じく苦言を受ける場合でも、相手が替われば自分の反応も違ってきます。「注意して下さってありがとうございます」と模範的な感じ方を、心からできる場合というのは、まだまだ少ないようです。

実際には、

「あなた程度の者に、そのように言われたところで何とも感じない」と開き直ったり、

「あなたにだけは、そのように言われたくない」と激しく反発を感じたり、

「あの人に、そんなふうに言われるとは夢にも思わなかった、飼い犬に手をかまれたような気分だ」と裏切られたように感じたり、あるいは相手の威圧感で、

「不本意ながら、聞かざるを得ない」と、なかばあきらめのように感じたりすることもあります。

その他、様々な感じ方があるでしょうが、自分が相手のことをどのように思っているかで、相手からの苦言の受け取り方が変化します。

このように考えてくると、いくら上司でも部下を目の前にして、とがめるべき点を直接そのままズバッと指摘することは適切ではないと思います。

上司と部下の立場を入れ替えて考えればわかるのですが、尊敬している上司から手厳しい批判を受けた時には、感謝する気持ちよりも、悔しさや傷ついた思いの方が強くなると思います。

なぜかというと、普通、尊敬する上司に対しては、部下は、部下なりに精神的にドレスアップした状態で接しているものです。そこへ厳しい批判を受けたとあっては、面目丸つぶれで、その悔しさや傷ついた思いは、他者から批判されるよりもはるかに大きいと思います。

ですから、地位が高くなればなるほど、相手を生かすことは大きく取り上げて、苦しめることは小さく受け止める方がうまくいくようです。

部下も、尊敬する上司の期待には是非とも応えたいと思っていますから、大きく取り上げられたことは更に磨きをかけようと努力するでしょう。すると、言わないでおいたとがめるべき点は、自然と陰を潜めていくでしょう。

◆時間を与えて戦力に

上司の立場になったなら、部下は時の流れと共に変わっていくものだということを知るべきでしょう。現時点で、優秀で自分の言うことをよく聞く部下はお気に入りグループへ、仕事はできないくせに何かと反抗的な部下はダメグループへと分類すれば、それで結論が出て、自分は納得できるでしょう。

その後、お気に入りグループの人をレールに乗せて引き上げていくわけですが、一度ダメグループへ分類した部下をお気に入りグループに分類し直すのは難しいでしょう。

しかし、一度ダメグループに分類したはずの部下が、数年後にはお気に入りグループで通用する実力者になっていることがあります。

このような可能性があるなら、ダメグループに分類する前にその部下に時間を与えてあげれば将来の戦力に役立たせることができるでしょう。

上司のレベルが高いからといって、部下も高いレベルにいなければならない理由はありません。

◆上司に求められる器

上司に求められる器は、部下の心をどれだけ深くよみとることができるかということだと思います。部下の心を理解してこそ、うまく使いこなすことができるでしょう。

部下の心を理解できなければ感情が許しません。生意気に思え、憎らしくて目の前から排除したくなります。

例えば、部下の考え方が自分の価値観と合わないとか、重大なところで意見が一致しないとかあると、「自分とは、レベルが合わない」とスパッと切り捨ててしまいます。一度、自分の中で切ってしまうと、

「その部下には、もう話しかけたくないし、話しかけられたくもない、見たくもないから、どこかへ行ってくれ」という感じになります。

このような反応をする傾向のある人は、基本的に上司には向かないでしょう。煮ても焼いても食えない部下でも、ある上司に対しては、なぜか素直に従っていることがあります。どこが違うかというと器の大きさと思います。器の大きい上司なら、相手に合わせながら不満を持たせず、使いこなすことができるのでしょう。

同時に、器の大きい上司は部下ひとりひとりの適性がよくわかり、どのような部署に配置すれば能力を発揮できて、どのような部署に配置すればやる気をなくすだろうということがわかります。

結局、上司に求められる器は、部下個々人の未来についてある程度見通しがきくことだと言えそうです。

◆上司は自身の認識力に応じた部下を集める

有能な上司は、同じく有能な部下を集める傾向にあるようです。また、両者とも、若くしてすでに有能な場合が多いようです。

能力ある者は、自分の能力を認めてくれる人のために働くと言っても過言ではありません。また発揮する能力の方向性が両者一致し、上司の能力が師匠に値する場合はなおさらでしょう。

しかし、有能な部下が能力不足の上司に仕えなければならない場合、大変苦労するでしょう。能力不足の上司には、部下の有能さを認識する能力がないので、その使い道もわかりません。しかし、部下の側から、その有能さをこれ見よがしに示そうとすることは逆効果となるでしょう。「意地でも認めてたまるか」という反応を誘発するだけでしょう。とすれば、謙虚に静かにマイペースで能力を発揮する方が得策のようです。

このような上司は、できるだけ刺激しない方がよろしいようです。いくら有能であっても、自分の方が上司より優位に立ったような態度や言動を取ったりすると相手が上司なだけに人事評価に悪影響を及ぼすでしょう。あくまでも、従順にふるまいながら、相手が自分の課長の立場の人なら課長様として奉ること方が、うまく行くようです。

また、部下の能力で得た成果であっても、その課長の手柄として譲ってあげれば、信頼関係を築いていけるでしょう。

◆偏狭が一面を全体像へ

木を見て森を見ずという言葉がありますが、管理者が社員を条件の良い所に推薦する場合にも、その人の一面だけをとらえて全体像を見ていないことはよくあります。

このような偏狭な見方をする管理者がいると、必ずそれを利用しようとする人が現れます。

実力のない人が、その上司の前でだけうまく立ち回って実力者に見せかけたり、ごきげん取りの名人のような人が群がるようになったりするでしょう。このような人たちを取り立てて後で失敗したと後悔することはよくあります。

偏狭な見方をする管理者には、もう一つ大きな特徴があります。それは、一度、人の一面を見て良い方へ評価してしまった場合、その判断が、その人本来の全体像とかけ離れていたとしても、なかなか撤回しないことです。

物事を偏狭に見る管理者は、同時に頑固で思い込みの激しい人でもあります。一度、判断を下したその人の全体像を訂正することは、自分の誤りを認めることになりますので、それは自尊心が許さないのでしょう。

一方、人の一面を見て低い方へ評価した場合もその頑固さが影響します。こちらの場合は、その人の一面の方を自分が思い込んだ全体像の方へ強引に押し込めようとします。しかも、その人に一面の状況が起きそうな場面になると、わざわざけしかけるようなことをします。するとそのような状況に置かれた人は、その人の一面には違いありませんので、そのワナにあっさりはまってしまうでしょう。その姿をみて、やはり自分の判断は正しかったとやるのでしょう。

◆上司の思いが部下の思いに乗り移る

仕事に対する部下のやる気は、上司からどのように思われているかで両極端にぶれるでしょう。部下にやる気の内に仕事をさせるか、あるいはやる気を失わせた上にムチ打ちながら仕事をやらせることになるのかは上司の思い一つと思います。

優れた上司は、部下に対していつでも、

「いつも、しっかりやっているな。ご苦労さん、ありがとう」という気持ちで接しています。このような上司のもとで仕事をする部下の心情というものは、

「あの上司は、自分たちの苦労をよく知ってくれている。いつも自分たちのことを暖かく見守ってくれている。よし、もっと頑張らなくては」ということになるでしょう。

このような上司の思いが、部下のやる気を引き出す原点となるようです。上司が部下のことを良い方へと見ている限り、部下は良くなっていくでしょう。

例え、部下の中に、上司が思っているほど自分は真剣に仕事をしている訳ではないという人が混じっていたとしても、上司からそのような暖かい目で見られていると思うと自然に矯正されるものです。

一方、ダメな上司は、部下のことをいつでも「サボり魔の権化」に対するように接しています。部下は少し目を離したり甘い顔をしたりすると、すぐにだらけて仕事をさぼるものだと頭から決め付けています。そのような心の雰囲気は、部下にモロに伝わるものです。

部下が、一日中、汗を流して現場から帰ってきたというのに、「ごくろうさん」のひとことも言えないで、「今日は、どこに行ってきたんですか」と尋ねます。上司がどのように思ってそのような質問をしているのかという、心の雰囲気はすぐに部下に伝わります。すると、「どこにって、仕事に決まっているじゃないですか」と部下はムッとする始末。このようなことのくり返しです。

上司自ら、部下を腐らせておきながら、そんな部下の姿にムチ打って、「言うことを聞かない部下ばかりいて、自分は不幸だ、不幸だ」とやっているのです。

このような上司に対する部下の不満のはけ口は、サボりという形で表現されるでしょう。結果だけみると、上司自ら部下をサボらせる方向へと導いたとも言えます。

◆仕事は自発的に気持ちよく

上司が部下に強制的に屈服させるような態度で仕事をさせても、思うような成果は得られないでしょう。一応、その仕事を言われるがままやりますが、いい加減に帳尻あわせのようなやり方をしたり、反発心がありありと伺われるような仕事をしたりします。

優れた上司は、部下に気持ちよく仕事をさせるコツを心得ているようです。ある時は相手の下手に出たり、またある時は相手をうまく乗せたりして、実際は、こちらからやらせる仕事でも、「自発的にやろう」という気持ちにさせることができます。

例えば、一ヶ月以内に終えなければならない仕事が五つあって、今週は二つ目の仕事をやるように部下に指示するとします。ところが部下の方から、自分は三つ目の仕事が得意だから、そちらを先に片づけたいという申し出があったとします。

このような場合、優先順位があって、どうしても今週のうちに、二つ目の仕事を片づけなければならないという理由があるなら譲るわけにはいきませんが、そうでなければ快く希望通り三つ目の仕事をさせればいいでしょう。

そうすると、部下としては、気持ちよく仕事を進めていくことができるわけです。しかも、その勢いで、残りの仕事もスムーズにやり遂げるでしょう。

このようなところで、上司が部下に対し「仕事をえり好みするな。とにかく二つ目の仕事をやれ」とやると両者の関係はギクシャクするでしょう。

◆謙虚さが能力を増幅する

優れた上司は、仕事上、部下が様々な問題に遭遇したとき自分の経験や知識をもとに、「そのような場合は、このようなことに気をつけないと、こういう失敗を引き起こしますよ」ということが事前にわかり、その点に注意して作業するよう指示することができます。

もし、自分が上司であっても、その方面では経験や知識が不足していると思うなら、その方面の能力をもつ人を周りに集めればいい。

そのためには、そのような部下の方から進んで協力してくれるような自分になることが必要と思います。自分が上司の立場であっても、謙虚に教えを請う姿勢がその助けとなるでしょう。

◆上司の認識力の高低が与える影響

上司の認識力が高ければ、いろいろな部下の気持ちがわかるでしょう。部下の言動や行動を含めた結果が、善意からなのかあるいは悪意からなのかは、その気持ちを理解できなければわかりません。

上司の立場からなら、その部下の結果は悪としか思えなくても、その部下にとっては最善を尽くしたものかも知れない。そこまで思いを巡らせて善悪の判断をしようとするか、しないかが認識力の違いと思います。

そのとき、上司が取りそうな一般的な態度と部下の反応を三例あげてみます。

一つ目は、上司自身の認識力が低いがゆえに、その結果は完全な悪としか受け取れず、怒りと処罰をもって対処します。以後、その部下はますます悪くなり、動機の部分から悪に染まるようになっていくでしょう。

二つ目は、結果は悪でも動機は善であったことを見抜き、包容で良い方向へ導いていきます。以後、部下の心には、自己変革への意志が芽生えるでしょう。

三つ目は、部下自身の認識力が低くて、同様に悪の結果をくり返す場合、適当な部署と時間を与えて成長を待つことになるでしょう。

第四章　人間関係学

◆心理学とは異なる人間関係学

学校を卒業して会社で働くようになってても学ばなければいつまでたっても停滞の道を歩むでしょう。サラリーマンとして段階を進んで行こうと思うなら、仕事と共に人との関わり合いというものを学んでいく必要があると思います。

若いサラリーマンにとって悩みの種は、やはり人間関係ではないでしょうか。

「どうして周りの人たちは自分のことをわかってくれないのか、どうしてあの先輩は自分のことを目のカタキのようにかまうのか、どうしてあの上司はゴチャゴチャとあんなにうるさいことを自分に言うのか」などと悩んでいます。

実際は、上司から厳しくされるのは喜ぶべきことで、寛大に扱われるようでは叱る価値のある仕事はもう任せられないということなのですが、認識の幼い段階では、この「どうして」ということがなかなかわかりません。

ですから、その対処法がわからず、ひとり悶々と悩み続けることになるでしょう。悪くすると「取りあえず反抗」ということになります。すると、ますます風当たりが強くなって自分の居場所が無くなり、自分から会社を辞めてしまうこともあるでしょう。

このような反応しか思いつかないのは、やはり認識の低さゆえと言わざるを得ません。仕事を覚えるのも必要ですが、同時に人の心を知る努力も必要と思います。

サラリーマンの世界には、年齢も性格も地位も、実に様々な人たちが同じ空間に混在しています。このような人たちと、話を合わせながら一緒に仕事をするのは、社会に出たての若いサラリーマンにとっては非常に困難で苦痛を感じるかも知れません。

自分は、素直に意見を述べただけなのに、なぜか上司が急に怒りだしてしまったというような経験をしているとなおさらです。年の離れた相手には、未知の部分が多すぎて、どのように接触したらいいのか、また何を話していいのかもよくわからないでしょう。

誰でも似たような経験をしています。年齢を重ね、経験を積みながら、だんだんと要領がわかってきて、様々な人たちと合わせられるようになっていくのが普通です。

しかし、サラリーマン世界で、人より一歩先を進みたいと思うなら、心理学とは若干異なる人間関係学、言葉を変えれば心の機微というようなものをできるだけ早い時期に身に付けておいた方が有利と思います。

若い頃から、他人への関心を持って、その態度や行い、またその人の心をよんで自分自身をふり返るという癖を付けると自然と身に付くでしょう。

◆成功への近道

成功への近道は、できるだけ多くの人達に自分の能力を「それとなく」知ってもらうことです。自分の上司はもちろんのこと、その上の上司や他担当の課長や部長等にも。しかも、「静かに目立たないように」がベスト。

そのためには、同僚・先輩・上司、あるいは他担当の困りごとに積極的に協力し目的を果たしたらサッと身を引くのがいい。ただし、いくら自分に良い方法があったとしても相手が望まなければ放っておく方がいい。ゴリ押ししたり、これ見よがしにアピールしたりしては大きな逆効果となり、あいつは目立ちたがり屋ということで嫌われる羽目になります。さり気ない能力発揮ほど、他からは評価されるものです。

◆人から見える自分の雰囲気

人の雰囲気は感じ取ることができますが、自分の雰囲気はなかなか感じ取ることができません。しかし、自分の雰囲気は自分で作ることならできます。

毎日の仕事の中に創意工夫を凝らし進歩させている人は、それが成功した時の喜びを数多く経験していて「成功の雰囲気」を漂わせています。

一方、仕事に何の工夫も加えず終わらせることだけが目的の人は、それに耐える苦痛やイライラを数多く経験していて「停滞の雰囲気」を漂わせています。前者は引き立てられ、後者は放っておかれるでしょう。

◆気まずくなった後、放っておくと

何かの行き違いで、相手が突然怒り出し気まずくなることはよくあります。そうなると、顔も合わ

せたくないし話もしたくありません。このような場合、相手が謝るまで許さないという方も多いと思います。その後、一緒に仕事をしないで済む相手ならそれも選択肢です。

しかし、そうでなければ、どうするのが一番マシか計算しなければなりません。少なくとも、相手が怒り出したキッカケが自分の発した言葉であることに違いないなら、不本意でも自分の方から手を打つ必要があると思います。

直接、相手と顔を合わせいろいろ説明しようとするとまた顔がこわばったり、こちらが話しているというのに相手も同時に話し始めたりして収拾が付かなくなるかも知れません。

このような場合、メールで相手に誠意や真意を伝えることが有効な手段と思います。文章なら、相手は必ず最後まで読んでくれますので、一方的に思いを伝えるのには適しています。

こちらの誠意や真意が相手に伝われば、相手の方から普段通りの調子で話しかけてくるでしょう。そうなれば、こちらも普段通りに話せます。

このように考えてくると、文章による演技というのもあり得るということです。絶対にイヤだと思っていても、演技ならやれることはいくらでもあります。文章による演技、相手に直接会っての演技、どちらでも自信のある方を選べばいいと思います。

◆わかり切ったことでも真剣に聞かないと

よい人間関係を保つには、例え自分にとってわかり切ったことでも相手の話は最後まで真剣に聞く方が無難です。私もたまに遭遇します。仕事上の話で、そんなわかり切ったことをいったい誰に向かって話しているんだと思うことが。

そのような時でも私は相手の話をいい加減なそぶりで聞いたり、話しを中段させたりはしません。最後まで真剣に聞き、必要な返答をします。この逆をやると、仕事上の話だけに相手は自分の人格まで否定されたと怒り、人間関係は簡単に壊れることでしょう。もちろん、仕事上の話でなければそこまで気はつかいません。

◆嫌われる人の心の癖7つ

七つの内の一つ目は人の悪口を言うこと。人の欠点を面白おかしく吹聴する癖があると、他の人たちから「軽い奴」扱いされ陰口を叩かれやすい。自己顕示欲の強い人も、人を腐らせ相対的に自分が伸び上がろうとするため悪口を多用することが多い。こちらは、直接本人に悪口を浴びせることもよくやります。

友人同士で同僚の悪口を言うことはあるかも知れませんが、同僚の悪口を上司に言ったり上司の悪口をその上の上司に言ったりすると一般的には自分の評価を落とす危険性が高くなります。

しかし、そうとも限らないので会社とは不思議な世界です。仕事能力の高い人の毒舌や悪口が、同じタイプの上司からは「良く気が付く指導力」と評価される場合があります。「能力高けりゃ、何でもあり」がまかり通るのが会社のモラル。この他、矛盾はいくらでもあります。

どうやら、会社には道徳的モラルで良し悪しを二分する考えは無いようです。この奇っ怪な世界をうまく泳ぐ方法は、「人のことは放っておき、我が能力を磨く」なのかも知れません。

二つ目は自己顕示欲が強いこと。いかにも誉めて欲しそうな雰囲気を漂わせている人がいます。同じ仕事をするにしても、人の仕事にはケチを付け、自分がいかによくできるかということをこれ見よがし、聞こえよがしに頑張ります。周りの賞賛が思うように得られなければ、「これでもか、これでもか」ともっと頑張ります。

しかし、周りの人々はなかなか誉めてくれません。それどころか、あげ足を取られますます風当たりが強くなっていくでしょう。自己顕示欲が強い人には優秀な方も多い。優秀な方ほど損を嫌うはずなので、自己顕示が損ということを知るだけで薬となるでしょう。

三つ目は短気なこと。怒っている人を見ると誰でもその人を攻撃したくなります。普段は大人しい人や優しい人まで、攻撃に参加することになるでしょう。

会社で怒る原因は、侮辱されたとか、上司の頭が悪いとか、人が自分の言うことを聞かないとか、できそうもない仕事を押し付けられたとか、怒鳴られたとか、数え上げればキリがありません。

それら一つ一つの対処法がわかりそれを実践できるなら、怒りは封じ込められるでしょう。そのためには、ひたすら認識の獲得に努めるしかありません。それは、仕事能力と人格の複合体です。もし、自分がすぐ怒るレベルにあるなら、認識力が貧弱ということです。

四つ目は、寛容でないこと。他人の仕事のやり方や性格上の欠点が気になって仕方がない人のことです。他人の自分に接する態度や言葉遣いも、自分の好みに合わなければ相手の欠点と映ります。いつも人の欠点のことで不愉快になっていて、気に入らない人をバッサバッサ切っていきます。このような人は、誰からも嫌われます。人の欠点は、人のものとして放っておくしかありません。

五つ目は人の能力や待遇を妬むこと。人を妬む原理は、人が成功すると自分が損し人が失敗すると自分が得したと感じることであり、この癖があると人の成功や失敗で自分の気持ちが上へ下へとブレます。

すると、他人のちょっとした言動にも心がブレやすくなります。ある種の人間は、このタイプの人を見ると、もっと揺さぶってやれとチョッカイを出したくてたまらなくなります。

人を妬まないためには、自分と他人を比較する癖を捨て、過去の自分と現在の自分を比較しその進歩を実感することと思います。

六つ目は恨むこと。人は恨んでいると寝ても起きてもそのことで頭が一杯になり、その人の時間はそこで止まってしまいます。時計で刻む時間だけが空虚に過ぎ、進歩も認識の獲得もありません。

このようなウツロな人をイジメたい人間は、たくさんいます。しかし、恨んでいる人に恨みをやめなさいと言っても不可能なので恨んでいない時間を増やすしかありません。

仕事でも趣味でも、まずは進歩を実感できることから始め、それを積み重ねるしかありません。恨みはマイナスのエネルギー、進歩はプラスのエネルギー、必ず中和からプラスへ向かうポイントがあるはずです。

七つ目は自己卑下すること。ある課長に嫌われ落とされても、ある課長に気に入られ取り立てられることはいくらでもあります。どのような目にあおうとも、やる気を失わず能力獲得に向けた努力を続けることが自己卑下を寄せ付けないコツと思います。

この逆は、「自分はダメだ、ダメだ」と落ち込み自己憐憫に浸ること。人はそのような逃げ腰の人間を見つけると、後ろから石を投げつけたくなります。

イジメる方が悪いとかイジメられる方が悪いとかは抜きにしても、イジメを呼び込む態度が「自分はダメだ」と自己卑下することであることは確かと思います。

◆嫌いな人を近づけない法

コツは、いつまでたっても初対面の人やお客様に対するような丁寧な態度で接することと思います。いわゆる誰にでも通用する道徳的処世術を駆使するのが一番でしょう。

そうすると、いつもまでも本音で語り合えない心の通わない関係を維持できます。何でも語り合える家族・親兄弟・恋人・友人への接し方の逆をやるわけですね。

とは言っても、「付き合ってみなければ相手のことが好きか嫌いかわからない」ということで、最初から誰とでも本音で向き合おうとするタイプの方がいらっしゃいます。これが失敗の元です。「自分が嫌いな相手」と「自分を嫌う相手」その両方を呼び込んでしまいます。こうなってから、その人と縁を切ろうとしてもなかなか切れません。

こうならないためには、最初は誰とでも道徳的処世術で精神的距離を遠ざけておく方がいいようです。時間を掛けた付き合いの中で、「その人となり」がわかってからその人ごとに適した距離、ここまでは話すけれどこれ以上は話さないという距離を設定するのが嫌いな人を近づけないコツと思います。

もし、自分にその自信がなければ、あるいは立場上人を平等に扱う必要がある場合、私もそうですが誰に対しても遠ざけっぱなしという選択肢もあります。ここは会社、一歩外に出れば家族・親兄弟・恋人・友人もいます。本音で語り合える人たちと本音で語り合えれば、精神的バランスは取れるでしょう。

しかし、嫌いな相手と一緒にいるとどうしても緊張したりイライラしたりします。人の気持ちは電光石火、それを相手に悟られてはせっかくの苦心も水の泡。

こうならないためには、その人が周りの人達からどのように思われ、どのように扱われているかに思い巡らせることです。そうすると、別に自分が手を下さなくても他の人、あるいは組織の自浄作用が片付けてくれることが予想できますので腹も立ちません。

この能力が高度化すると、相手を自由に泳がせ客観性を利用して自滅させることさえ可能となります。そのためには、今起きている現象をすべて想定内と思えるほど自分の認識力を高めておかなければなりません。しかも相手を活かすも殺すも自由と言えるほど、自分の仕事能力も高めておく必要があります。

しかし、勝つだけが能ではありません。負けて相手に屈服し、機会があれば比較的偉い上司の前でその方を誉めちぎり早めのご栄転を祈ることもあります。どんなにイヤな暴君でも、客観性がその人を認め大切に扱っている場合の対処法です。この場合、組合やパワハラ相談室を使うのは、相手に感づかれた時のリスクが大きい。また他の人がそこへ手を打つ可能性もあります。そうなった場合にも、暴君から自分が疑われる可能性を消しておくことができるわけです。

一方、相手によっては組合やパワハラ相談室を使うこともあります。相手が能力乏しく客観性もその人のことを認めておらず、その人が居なくても自分が代わりにやれる場合です。これなら多少の被弾があっても、「来るなら来てみろ」とやれる訳ですね。

もし、自分の能力がそのレベルにないなら「こういう人は嫌われるんだなあ、自分はその逆を行こう」と学びの材料にするしかありません。「今に見ていろ」と能力を蓄え続ければ、いずれその程度の人などどうにでも料理できるようになるし、やる気ある人や努力する人を見るとより伸ばしてやりたい心境にもなるでしょう。

◆噛みつきたい人には噛みつかせる

私は、役割がら噛みつかれることが多い。よく噛みつく人は、だいたい決まっていて仕事もできず相手の心もわからないタイプです。この手の方々は、常に自分の立場や感情が出発点となっていて、他の人を気づかう余裕などありません。

例えば、改善を求めるお客様ご要望を私が担当者へ伝えなければならない場合、すぐブチ切れ噛みつく人がいらっしゃいます。

この人に見えているのは自分対私の関係だけ。ところが、私から見えているのは、噛みついている相手と自分、周りの社員から見た相手と自分、部長や課長から見た相手と自分、聞き耳を立てている他担当の方々から見た相手と自分です。相手と自分の姿を四方八方から見て、どのように対応するのが適切かを判断しています。

みんなが見ているのでここでいい所を見せなければと、「やられたらやり返す、倍返しだ！」と噛みつき返す方法もあります。しかし、それでは芸がありません。相手は、「もぉ、やーめた」と仕事を投げ出すか表面だけ従うそぶりを見せるかでしょう。

こちらは、相手に仕事をしてもらわなければならない立場、そのための手段は何でもいい。相手が噛みつきたいなら思う存分噛みつかせてあげます。当面の仕事をさせるという目的を果たした後、対処法を考えても遅くないので。

かく言う私も、若き日上司に噛みついて苦い経験をしたことがあります。その情報は、次の転勤先へも伝わっていました。初日から、自分の事をよく知りもしない上司からいきなり高圧的なナメ切った態度で話かけられました。噛みつく人間には、より強い態度が必要だとでも思っているのでしょう。

そのような扱いをされると、いくら改心しようと思っていても、きっかけさえあればまた噛みつきたくなります。それをガマンすると今度は表情に出ます。

すると上司は「何だぁ、その態度は。あぁ～ん、文句があるなら言ってみろ！」と誘導され噛みつくハメに。上司は、そのような反応を見て、やっぱりこんな奴だったかと確認するわけです。上司の偏見が仕掛けたワナが、改心するチャンスを与えません。

自業自得だと言ってしまえばそれまでですが、このような悪循環におちいらないためにも、やはりどのようなことがあっても人に噛みつかないことだと痛感しました。それ以来、私は人に噛みついたことはありません。

しかし、決してやられっぱなしではありません。手段として噛みつかないだけで、策としてキッチリと落とし前ではありませんが、落ち着くべき所へ誘導させて頂いております。

◆何度でも許し、自分で選ばせる

私が関わった仕事で、ミスした社員がその責任を私に求め噛みつくことがあります。責められる前に責め、攻撃の矛先をかわそうとする単純な発想です。

そのような場合、同じ土俵に降りて行って「なんだ、このやろう！」と逆ギレしては空中分解、その仕事はトンザしてしまいます。

相手が立ち直る可能性とミスの原因を絶つ可能性、その両方とも活かそうと思っています。今相手は少なくともミスしたことが悔しいしミスしたこと自体に腹を立てている訳ですから、私は相手の言い分に共感を示しながら、すべてを吐き出させることにしています。まずは聞くことに徹し、その言動の中に私の側でミスを絶つ可能性があるなら手を打つし、本人のケアレスミスなら聞き流します。

そうすると、よほど正当な理由がない限り、相手もいつまでも怒っていられませんし周りの目もありますので自然に大人しくなります。

その後、ミスした社員は、自分の発した言動が頭の中でグルグル回り自問自答をくり返すことになるでしょう。その結果、改善に向かうなら協力しますし、くり返すなら本人の資質に問題がありますので、組織の自浄作用を利用し適切な処置をとらせて頂いております。あるいは、自分で悟って自発的に去る場合もあります。

◆去る者追わず

業務改善担当係長となった当時、私の信条は、

「やる気ある者は、どこまでも助ける」と「去る者、追わず」、この二つです。

そのためには、仮に自分の周りから皆去ったとしてもやれるだけの仕組みや効率化を進めておかなければなりません。これは、去る者を極力出さないための自分へのブレーキとなっています。

しかし私も人間、やらないことを目的に反発する者まで面倒を見る気はありません、この場合は「去る者追わず」です。私に噛みついてくるタイプで多いのは、勝手にライバル意識を燃やす人、自己顕示欲の強い人、劣等感で苦しんでいる人、責任逃れの大家等です。

ブチ切れ噛みついて来た相手に対する私の態度は二つです。一つは空振りさせる、もう一つは「思う存分暴れさせ策へ導く」です。

どんなに噛みつかれても、その根底にやる気さえあるなら何度でも助けるし無ければ見捨てます。今でこそそうですが、若き日の私は噛みつかれたら噛みつき返す方でした。「倍返しだ！」とやることもありましたが、相手を乱し自分も乱れ何もいいことはありませんでした。

◆自発的へ誘導

役割がら私は、人に仕事をさせたり、仕事のやり方を変えさせたり、効率化ツールを使用させたりします。私の仕事は、人に自分の意見を取り入れてもらわなければ実現しないことばかりです。

人は他人から押し付けられることを反射的に嫌いますので、私は相手に伝える言葉には特に気を配っています。伝える言葉によって相手の表情は、明るくなったり、暗くなったり、いやな顔になったりします。その表情の変化で、次の話の持って行き方考えています。

私の目的は相手が自発的にやりたくなるように誘導すること、自分の言葉に反応する相手の表情はそのモニタです。

それでも、相手が「やらない」と硬く拒むなら放っておくまで。彼がいなくても困らない方法を考えます。会社には、一人や二人は煮ても焼いても食えない人がいるものです。その方々まで相手にするのは労力のムダ、組織の自浄作用に任せることにしています。

◆肝心な所は相手に言わせる

他の人に仕事をさせなければならない場合や上司と話す場合、気を付けていることがあります。それは肝心なところは相手の口から言わせること、及びすでに相手がわかっていることを口に出さないことです。

こうすると、その目的に対し相手が自発的に発言したと思わせることができます。更に人に仕事をさせた後は、その都度、「お疲れ様でした」「ありがとうございました」と、ねぎらいや感謝の言葉を返すようにしています。これが潤滑剤となり、やる気ある人はますます頑張ってくれます。

しかし、少数派ですがこのようなやり方では逆へ行く人もいます。キャパを超えて仕事をかかえている人や会社のためではなく私のために仕事をしていると思っている人達に見られます。

この手の人達にとっては、自分が自発的に発言したことがそのまま私の指導力なしという思いへ結びついています。それで、自分がなめてかかっている相手のねぎらいや感謝の言葉にはイラッとくるわけですね。

正に「下手に出てりゃつけ上がり」を地で行く人達ですが、そのような場合も私は態度を変えません。相手が、イラッとしようが聞こえよがしの不平不満をぶちまけようが自由にさせておきます。そうするとその傾向はますます強化され、自発的あるいは組織的に落ち着くべき所へ落ち着いて頂くことになるでしょう。

イラッとくる原因は、人それぞれと思います。命令されてもイラッとくる、感謝されてもイラッとくる、無視されてもイラッとくる、相手の頭の悪さにイラッとくる等々、数え上げればキリがありません。

しかし、イラッとくるたびにあるいは怒るたびに自分が淘汰される危険性があることは、私も含めてですが自覚しておいた方がいいかも知れません。

怒りに対する報復は、私のようなステルス型もいれば、反射的に罵声を浴びせかける直情型もいます。もっとも、後者タイプの前では、猫をかぶり怒りが表に出ないようにしている人が多いのでしょうが。ところが、むしろ怖いのはステルス型、ニコニコ顔や大人しそうな上司の方が怖いことがあります。

さて、怒りやすい人には他者から学ばないという共通した特徴があります。物事への判断基準がすべて自分を出発点としています。ですから、怒ることがカッコイイとさえ思っている人たちもいます。

他者から学ばないから、自分が他者からどのように見えているか、またどのように思われているかわかりません。怒る人には、危険が一杯ということです。

◆受け入れるかどうかは相手の自由

私は役割がら人の仕事に口を挟むことが多い。その場合でも細心の注意を払っているのが、相手がそれを望んでいるか否かを感じ取ることです。

例え、相手の仕事に効率化の余地があったとしても、相手がそれを望まなければ余計なお世話は焼きません。

多少非効率でも、その方法で業務が回っているのであれば相手の気持ちを乱さない方を優先し、放っておくことにしています。

そうすると、相手は自ら努力し改善を図る場合もあるし、現状のまま我が道を行く場合もあるし、後で私の協力を求めてくる場合もあります。

どのコースを選ぶかは相手の自由とやっている訳ですが、少なくとも現状維持以上の成果を残す可能性を植え付けたことで良しとしています。

◆私の距離の取り方

私は係長になってからは、職場では誰に対しても自分の方から親しくなろうと働きかけないよう心がけています。その理由は、親しさが仕事を進める上で障害となる場合があるからです。

例えば、その人ならできると思って任せた仕事が実際はできませんでした。それなら、その仕事を他の人へ依頼しようとした時、彼の恨みを買ってしまうことがあります。あるいは、親しさゆえ相手を甘やかせ不満ばかりたれる反発分子にしてしまうこともあります。

人は付き合いの中で他人から親しい人へと移行するならうれしく感じますが、この逆親しくなった後から他人扱いされるのは侮辱と感じます。親しくなるという方向では、引き返すことができません。ですから、私は職場では誰に対しても途中で引き返したくならない程度の親しさまでに留めることにしています。家族ぐるみの付き合い、飲み友達のような付き合いは基本的にやりません。

若き日の私は逆で、人付き合いに関しては八方美人でした。誰からも好かれたいし誰とでも仲良くなりたいと自分の方から相手に働きかけていました。しかし、トラブルだらけでうまくいきません。それならばということで、好きな人とだけ付き合い嫌いな人とは付き合わないというスタイルに切り替えた時期がありました。

ところが間違うのです、好きな人と思っていた相手に嫌いな部分が目立ち始めた途端切り捨ててしまいます。そうすると相手からは、「せっかく親しくなったのに、急に自分のことを嫌うようになったのは許せない」という具合になり、相手の怒りや恨みを買うことになってしまいました。

自分は切り捨てたつもりでも、相手からの怒りや恨みはいつまでも自分とつながっています。その人と一緒に仕事しなくてよければまだ救われるのですが、そうでなければ苦しい日々が続くことになります。

世の中には距離が近くなればなるほど相手を尊重する人もいれば、自分と他人の区別が付かなくなっていく人もいます。両者とも距離が遠い間は、好ましく振る舞う場合が多いので区別が付きません。しかし、時間をかけその人の「人への接し方」を観察すれば区別が付くようになります。この時間が短いならあるいは省略するなら、間違いが起きるのは当然かも知れません。

◆怒らないための選択肢

相手のイヤな仕打ちに真っ向から反発し戦いをいどむのは、その後もっとひどい目にあうことが見えているなら他の選択肢があります。

「それも辛いあれも辛い、でもこちらの方がマシだから自分は相手に謝る方法を選んだ」これは、お互いいがみ合っていた頃からすると、かなり進歩した考え方と思います。少なくとも、「これで引き分け、仲良くしましょう」のレベルにはなります。

ところがしばらく付き合っていると、また同じような場面で同じようにいがみ合い、元の木阿弥に戻ることもあります。こうなりそうな相手は、やはり道徳的処世術を武器に精神的距離を遠ざけておく方が無難のようです。

しかし、こうなるのはその人だからであって、もっと認識力の高い人には別の判断もあります。相手のイヤな所そのままに、相手のふところに飛び込んで制御してしまう段階もあります。この段階では、相手が怒ったり自分もイヤな思いをしたりすることを覚悟の上で相手とぴったり同化し意のままに制御してしまうのです。

今は自分がイヤな思いをしても、あえて相手を怒らせたまま耐えておきます。相手が怒ろうが、わめこうが、罵詈雑言を吐こうが、離れた心で相手の自由にさせておきます。その先は活かすも殺すも自由、相手の出方次第でどうにでも料理します。とここまで激しいことはあまりないと思いますが、上司など人に仕事をさせなければならない立場の方には応用範囲が広いと思います。

◆私の自尊心は？

私は人に間違いを訂正させる時、できるだけ「間違っているから」と否定の言葉を混ぜないよう気を付けています。「ここは、こうじゃないですかね」と先に答えをほのめかし、相手が「あ、そうだね」と自発的に気付いたように、あるいは言い訳の余地を残すようにしています。

他には、相手が「間違ったのはお前のせいだ！」と言い出しそうなタイプなら、先回りして「すみません、私の説明がまずかったようです」と前置きしてから説明に入ります。

自尊心のガードは人それぞれ、薄いガラス製の人から鋼鉄製の人までいます。私の自尊心はというと、そんなものないかも知れません、会社では。

◆支配的な人を近づけると

支配的な人をうっかり近づけると、こういう目にあうことを事前に知っておくことは泥沼におちいらないため必要と思います。

支配的な人を近づけると、必然的に自分を子分的立場に置くことになります。何をするにも、まずはその人に事前に相談することを強要されます。何の相談もなく勝手に物事を進めると、その人はすぐに心中おだやかでなくなります。

カーッとなって怒り出すか、しょんぼり落ち込んでネチネチまとわりついてくるかです。

相手が自分の意志で決めるべきことまで、「それはしてもいい、あれはしてはならない」と口をはさみます。たいていの人達は逃げ出してしまうでしょう。

支配的な人の餌食になりやすいのは、真面目で従順なタイプです。この人たちには、なぜか支配的な人が頼もしく見えます。きっかけさえあれば、すぐに親しい付き合いを始めてしまいます。

ところが、支配的な人と付き合っても決して居心地はよくありません。しばらく付き合うと、すぐに心が自由でなくなり、その人から離れたくなります。ところが、去ろうとしてもそれは支配者が許しません。

「これまであんなに親しく付き合ってきたのに、急にどうしたのか。いったい俺のどこが気にいらないんだ」としつこく関係回復をはかりにやってきます。

その態度がまた支配的でたまりません。更に逃げ回ろうとすると、そこから先はいじめられっ子といじめられっ子の関係に発展していきます。支配的な人は、去ろうとする者を決して許しません。どこまでも追いかけ、後ろから跳び蹴りを食らわすようなマネをします。

付き合っている間はうるさい干渉だったのですが、去る時には執拗な嫌がらせに変化します。いつまでたっても、その人との縁は切れないでしょう。

◆人のことでイライラしている人を近づけると

自分のことを思いやりがある人間と思い込み、いつも人のことが気になってイライラしている人がいます。

「あの人は、なぜあんなに性格が悪いんだろう、なぜ、自分の思いやりをわかってくれないのだろう」と、いつも人のことで不満が一杯です。他人のことを、他人のことととして放っておけません。他人の気持ちに自分の気持ちをからませ、余計なお世話を焼きます。

非常にわずらわしくうるさい人です。その人がそばに寄ってくるだけで、心が自由でなくなります。

このような人は、「周りの人達はみんな自分に好意的に接すべきだ」という独自の甘えをもっています。それが叶えられないと黙ってひとりで不機嫌になっています。

「いったいどうしたの?」とかまうと、愚痴や不平不満をぶちまけて人々を不快にします。かまわなければ「なんで無視するのか?」と言いがかりを付けにやって来ます。どちらにしても、この人にかまわなければならなくなります。

◆不機嫌でいることを許さない人を近づけると

人の感情を征服したい人は、相手が不機嫌でいることを許しません。人が自分の言うとおりに動かないと、「じゃ、好きなようにしろ」というような言い方をします。

「できるもんなら、やってみな」というわけです。

「では、好きにさせて頂きます」と開き直ることもできるでしょうが、それは暴君が許しません。次の瞬間、「お前は、本当にそんなことをしていいと思っているのか！」とからんできます。もともと選択の余地はありません。

このようなタイプの人が、相手の不機嫌を許さない理由は命令系統が逆転したように感じるからです。

つまり、自分が不機嫌でいることは相手に言うことをきかせるための信号として特別許されていますが、相手が同じように信号を出すことは許さないという訳です。相手に許されているのは自分の信号を受け取るのみ、どのようなことを言われてもされても不満を見せずご機嫌で従うことです。このタイプの人に取りつかれた人は、感情を自分の意志でねじ曲げなければなりません。

このような人をうっかり近づけてしまう原因の多くは、自分の感情に異常に関心を持つ人を親しい人と勘違いしてしまったことです。

自分のことを大切に扱ってくれるのは、自分の感情を自由にさせておくことができる人たちです。

普通の大人は、人の感情を操ろうとは思いません。

◆犠牲を武器にする人を近づけると

犠牲を武器に、人をあやつろうとする人がいます。その人たちの常とう手段を二つあげてみます。

一つは、恩着せがましさというものです。何ごとにつけ、自分がいかに大変な思いをしたかを相手に思い知らせ、より大きな感謝や恩恵を要求するものです。

相手に恩を着せておけば何かの時にこちらの要求を通しやすいということで、相手の心の負担ができるだけ大きくなるよう働きかけます。

もう一つは、恩着せがましさとは対照的ですが、同情をひくということがあります。

いかに自分があわれであるかを主張し、同情を引きながら人を操作しようというものです。

更には、この二つの複合型というのもあります。恩着せがましさと同情引きを器用に使い分け巧みに人の心を操作するツワモノもいます。

もっと異常になると相手が罪悪感を抱いて反省している時、ここぞとばかりにもっと深刻になるよう追い打ちをかけます。相手が不安感を増すとより大きな借りを作ったような気になっています。

◆自分と他人の区別が付かない人を近づけると

自分と他人の区別が付かない人は、人の真似をしたがります。また、ことあるごとに自分と他人を比較し妬んだり、不平不満を持ったりします。

「自分として、今この状況で何ができるのか」という観点がありません。何をするにも人との比較の中に自分を置きますから、人の成功が自分を傷つけ人の失敗が自分の喜びとなります。勝手にライバル意識をメラメラ燃やし、からみついてくるのはこのタイプです。

このような人たちにとりつかれると、認められたり成功したりする時に必ずジャマしにやってきます。陰口を叩いたり茶化したりし、妨害を図ります。

◆迷惑な酒癖が出やすい人は

人から受け入れられるためには、とにかく自分が強く優れているということを相手に知らしめることだと思っている人がいます。相手が自分のことを一目置いてくれる関係をとにかく早く結んで安心したいようです。

相手とコミュニケーションをとることより、まず自分を守ることが先決で、はた目には、「よくもまあ、こんな刺々しい人間がいたものだ」と映ります。

人と接すれば、いかに自分の能力が高いかを吹聴したり、相手を傷つけるようなことを言ったり、何かと挑戦的な態度をとります。

この人たちには、共通した特長があります。それは酒癖が悪いということです。酒が入ると、いつもの態度が輪をかけてひどくなります。

誰それかまわず、同僚や上司にからんでいっては争いを巻き起こしています。その人にとっては、争いが自分のことを認めさせる絶好の機会なのでしょう。

◆早く親しくなろうと、悩みや欠点を打ち明けると

早く親しくなりたいがため自分の弱みを相手に見せ、距離を縮めようとする試みですがうまく行かないでしょう。

その理由は、親しさの距離を決めるのは自分ではなく相手だからです。相手にも選ぶ権利があって、できるだけ好ましい人達と親しくなりたいと思っています。

好ましい人達とは、「その人と一緒にいて楽しい」、「その人と一緒にいて心が自由」、「その人と一緒にいて、自分のためになる」という所です。悩みや欠点を打ち明けることは、相手にとっておよそこの逆を行くということです。

普通の人なら、近づけたくない相手が勝手に距離を詰めてくるなら逃げ出したくなるでしょう。ところが支配的な人なら、絶好の獲物がやってきたと喜んで取り込むでしょう。

◆嫌うと相手との距離が近づく

距離を遠ざけたいなら、相手を嫌うよりその人の存在そのものを心から追い出した方が縁は切りや

すい。嫌うという行為は、その人の存在を自分の心の中にどっかと居座させることを意味し相手との精神的接触をますます濃くします。

自分は相手を嫌い相手も自分を嫌っている関係は、相手のことで苦しむという意味で最も距離が近い状態です。

◆誰とでも親しくすることは正しいか

道徳的には正しいと思います。イヤな奴と思っていた相手に、親しく接したら付き合える人に変わったということはいくらでもあります。

しかし、イヤな奴と思っていた相手に、親しく接したらしつこく借金を申し込まれ付き合い切れなくなったということもあります。最初からそのような相手だとわかっていれば、当然親しくしなかったことでしょう。

ところが、それはその人だから相手のことを見抜けなかったわけで、他の人なら見抜けたということがあります。相手を知るには、自分に相手以上の認識力が備わっていなければなりません。現実にはここがネックとなり、自分では付き合いきれない人まで近づけてしまいます。

そして、一度仲良くなった相手のことが後からイヤになり、相手を嫌ったり縁を切ったりすることがあります。これを避けるため、自分にとって付き合える相手かそうでないか区別が付くまでは、近づかない方がよろしいようです。

ちなみに、認識力は上から下は見えますが下から上は見えません。もし、相手の認識力が自分より上で悪の魂胆を隠し持っていたとしたら、それを見抜くことはできません。

◆妬みを利益に変える法

人の成功が妬ましく思った時こそ、陰でその人の成功を誉めると回り回っていろんな人の耳に入ります。しかも、かなりの確率で本人の耳にも届きます。

すると、賛美にはお礼が付きもので、自分の知らない所で利益が発生することがあります。予定より早く栄転の話が来るとか、成功した人から将来助けられるとかです。

ところが陰で悪口を言うなら、同じように回り回っていろんな人の耳に入ります。時には、本人の耳に届くこともあります。

すると、攻撃には報復が付きもので、自分の知らない所で不利益を被ります。例えば、予定されていた栄転の話が無くなるとか、人から軽んじられるとか、悪口を言った相手の恨みを買うとかです。嫌な上司に対しては、どうしても反発を感じて素直になれません。サラリーマンなら誰でも経験があります。

特に、やる気ある若いサラリーマンには多いと思います。表面上は、言われる通りに従っていても、どこか本気になれません。また「余分な仕事などしてたまるか」という心境になります。そして、スキあらば、何か一矢報いてやりたいとも思っていることでしょう。

しかし、そのような部下の心の雰囲気は、すぐに上司に伝わるものです。すると、その上司は、ますます、嫌な態度で接してくるでしょう。

これは、部下の攻撃的な雰囲気に反撃し、その上手を行く攻撃で屈服させようとしている訳です。相手は上司、そして自分は部下という立場では争ってみても勝ち目はありません。一時期、その上司をやりこめたところで、事あるごとに揚げ足を取られるような目に合うでしょう。もし、相手の役職が課長以上であれば、いわゆる「干される」という目にあうでしょう。

そのような場合の対処法としては、反面教師として学びの材料にさせて頂くのが得策です。この上司に対しては、どうしても反発したくなるけれどもなぜだろうか。多くの場合、その原因は、一つか二つのくり返し実行される代表的な癖でしょう。

例えば、今やろうとしていることを先回りして、いちいち口出しをする所に反発を感じるなら、自分は誰に対しても、決して相手が今やろうと思っていることに先回りしていらぬ口出しをしない気遣いができるようになるでしょう。

これは、自分の予知能力を磨くのに大変役立ちますし、人から嫌われる代表的癖を自分に付けないための訓練にもなり、一石二鳥の収穫を得ることができます。

◆人との距離を間違わないこと

会社では、人との適当な距離というものをつかんでおく必要があります。自分と上司、同僚、後輩、部下とそれぞれの距離の取り方を間違わないようにすることが、良い人間関係を保つ秘訣となるでしょう。しかし、この距離のはかり方が、最も難しいと思います。

相手ごとに、これ以上は近づけないし、近づかないという適当な距離を設定した方が良さそうです。それでは、水くさいし、冷たいではないかと思われるかも知れませんが、実際は、この一定の距離があるからこそ、長く親しく付き合えるようです。

しかも、この距離は固定ではありません。付き合いの中で、まずは一番遠くから若干近づけたり元の遠くに戻したりしながら適当な所を探し当てていきます。

距離を誤って被害をこうむるパタンは、適当な距離を知らず誰とでもべったりくっつきたがる相手をうっかり近づけ過ぎてしまった場合です。そのような相手というのは、こちらが心の扉を開くとあるいは強引さに負けて近づけさせてしまうと、遠慮なく、土足のままズカズカと入ってくるでしょう。だんだん、うっとうしくなってきて、一歩下がって心の扉を閉めようとしても、その扉に片足を差し込んで、もう一歩入ってこようとします。

相手との距離を短くし過ぎてからでは、相手からの強引な飲み会への誘いや借金の申し込み等を断れなくなってしまったり、呼びもしないのに、休日になっては家にやってきてあがり込んで、家族と一緒の時間を圧迫するのを許してしまったり、ことあるごとに干渉され過ぎたりして、うっとうしくて付き合えなくなってしまうでしょう。

このようになってしまってから、その人から逃げまわったり、スパッと切ったりしていたのでは遅すぎます。それでは、相手は今まであれほど親しく付き合っていたのに、急に手のひらを返されたと感じます。

そして、「一方的に自分を嫌うようになったのは許せない」と、今度は憎むようになるでしょう。悪くすると、今までのうっとうしい干渉が、執拗な嫌がらせに変化したものが襲いかかってくるようになるでしょう。ストーカーの心理と、相通ずるものがあると思います。

このような人は、人との適当な距離というものを知らないので、自分が相手に立ち入り過ぎているということ自体を認識できません。このような人とは最初から遠めの距離をとって、こちらからは近づかないようにすることが肝要と思います。

そのような人の餌食になりやすいタイプは、オール・オア・ナッシングの考えを持つ人に多いようです。つまり、親しくなったら距離をゼロにして全部受け入れて、親しくなければ、距離を無限大にして、まったく受け入れないという考え方が災いしているようです。

さて、その人との距離を遠ざける方法ですが、それには濃くなりすぎたその人との関係を、薄めていくしかありません。

酸性になりすぎた液体を水でうすめるように自分自身が付き合いの幅を広げるという考え方があります。一番有効なのはアルカリ性をもってくることです。つまり、自分に入り込まれ過ぎた相手が苦手とするようなタイプの人たちと積極的に付き合いを始めるのです。

そのような人たちは、自分の距離というものをしっかり持っている人たちですから、人から踏み込まれることも、踏み込むこともありません。このような人たちと、できるだけ一緒に付き合うよう心がけるといいでしょう。

すると、これまで自分にくっついてきた立ち入りすぎる人も、だんだん居心地が悪くなって自然と離れていくでしょう。最初の内は、その人からアルカリ性の人たちと付き合わないように主張するかも知れませんが、そこは譲りません。

心の成長度合いは、人それぞれ異なります。人のことに立ち入り過ぎる人というのは、自分と他人との区別がつかない心の幼い人たちです。体だけ大人になっていますが、幼児が親の保護を求める心境と変わりません。

会社で若い上司が多くの年上の部下を使っていかなければならないような環境では、特に、この人との距離を間違わないことが、業務をスムーズに遂行していく上で重要と思います。

部下を使うのに、ある程度慣れてきてからも、決して過ぎたことを言ったり、なれなれしい態度を取ったりしないことが肝要と思います。年上の人たちが最も嫌うのは、年下の者から礼儀に反した言動や態度を取られたりすることです。

この部分をまず押さえておくならば、仕事という共通の目的の範囲内である限り、上司の言うことに部下は素直に従うでしょう。

いかに、部下からすれば、相手が有能な上司だとわかっていても、自分より若い者に使われるのは無条件に悔しいものです。しかし、礼儀という大きな一本の柱が保たれているならば、そのような年

上の人たちでも、

「若い者のために、ひとはだ脱いでやろうか」という気持ちにさせることができるでしょう。

仕事を、終えて帰ってきた部下には、

「お疲れ様でした。ありがとうございました」と労をねぎらい、感謝と礼儀を併せ持つ言葉をかけるよう心がければ円滑な人間関係は保たれるでしょう。

礼儀と距離とは密接な関係があります。距離を知らない人は同時に礼儀を知らない人です。

◆嫉妬と停滞の関係

人が自分より先を進んでいると非常に妬ましくて悔しい思うこともあるでしょう。そう思う根本原因は、自分と人と比べる癖があるためと思います。人が成功すると相対的に自分が損をした気になり、人が失敗したら自分が得をしたような気になるという心です。人の成功、不成功で自分の気持ちが上へ下へとぶれてしまいます。

しかし、嫉妬が起きる対象には法則があって、同じ職場内の人、異なる職場でも同期に入社した人、あるいは友人、知人というように多少なりとも自分と関わり合いのある人たちだけがその対象となります。まったく、付き合いのない人には嫉妬は起きにくいものです。

嫉妬とは、自分と多少でも関わり合いのある人が自分よりも優遇されている姿を見ると、その人の努力を知ろうともしないで、自分の想像や感覚だけでその人を否定し、「あの人が、優遇されるくらいなら、自分の方が優遇されて当然だ」というふうに思い込みます。身の程を知らず、分不相応なものを、貪るように手に入れたいというような思いを指します。

一方、自分と関わり合いのない人たちに嫉妬しにくい理由は、例え、うぬぼれや思い込みであっても、相手より勝っている自分像が描けないためです。しかし、数は少ないですが、思い込みが激しくて自己顕示の強い人になると、自分とは無関係の成功している他者にも嫉妬する傾向があるようです。「自分も、少し努力すれば、あれ以上になっているはずだ」というようなことが、本人の実感として平気で口をついて出てくる人のことです。

このような人が、なぜ段階を進めないかというと、この嫉妬という思いが相手を責めたい、あるいは破滅させたいという心の姿勢だからと思います。そのような思いをもっていると、それとまったく同じような破滅させたいという思いを周りから投げ返されることになるでしょう。

例えば、同期で入社した人の給料が、何年かして、自分より少し高くなっていることを知ると途端に嫉妬の炎が燃え上がります。

「あいつは、大した実力もないくせに、何か裏工作をしているに違いない」とその人のことをこき下ろすようなことを、あちこちで言ってまわります。

そのような言動というのは、往々にして、人づてに上司の耳に入るものです。すると、それを聞いた上司は、

「そのような考え方をするということは、まさしく彼こそ、実力が大してないから、裏工作をして出世しようとしている張本人だ。彼を取り立てなくて良かった」と思います。

このようなルートで、自分が発した人を責めたいとか破滅したいという思いは自分にはね返ってきます。

嫉妬して、人を悪く言い、自分を認めてもらおうとする行為は、周りに、

「自分は、こんなに卑劣な人間なんですよ。ですから、皆さん、私を破滅させてくださいね」と言ってまわっているのと同じことと思います。

一方、そもそも嫉妬心というものを持たない人は、自分を進歩させることにこそ努力していますので、人の成功や失敗で心を動かされることはありません。

嫉妬心の強い人が、人との比較の中に自分を置こうとするのに対して、進歩のための努力を怠らない人というのは、過去の自分と現在の自分を常に比較し先へ進もうとしているからと思います。この

ような人たちが、周りから高く評価されて先へ先へと段階を進んでいるようです。

◆人の話を最後まで聞かない人は嫌われる

よい人間関係を保つためには、相手の話は最後まで聞くことと思います。よく、相手が話しているというのに途中まで聞いて、その先は自分の思い込みで判断し、勝手に話し始める人がいます。しかも、まったく見当違いのことが多いので、非常にイライラすることでしょう。相手の見当違いの先走りを聞かされるたびに、

「私が言っていることは、そうではありませんよ。言わんとしていることはこういうことですよ」と伝えようとすると、また、その説明の途中で同時に話し始めて先を言わせません。これにはへき易して、「あー、もうめんどうくさい、この人と話してもムダだ」ということになり、早々に話を切りあげることになるでしょう。このようなタイプの人が上司という立場を得ると、権威がこの悪癖に拍車をかけます。そして、非常に間抜けな頑固者の上司が出来上がっていくでしょう。

他には、相手が話している間、口を開かない場合でも、自分の話す番が来るのをイライラしながら待っているというパタンもあります。このような人は、よく相づちを打ちますが、相手の話を聞いて

いるわけではありません。実は、この相づちは、相手の話を少しでも早く終わらせるためのテクニックなのです。そして自分の順番が回ってきたら、相手の話題とは、まったく関係のないことを機関銃のごとく話し始めるようです。

◆自分の欠点は、嫌っている人が教えてくれる

サラリーマンの世界では仕事という共通の目的のもとで、様々な人たちと付き合っていかなければならないでしょう。同僚と仲良くしていくことはもちろんのことですが、上司と自分、あるいは自分と部下という関係もあります。中でもストレスの元凶となるのは、自分と上司の関係ではないでしょうか。

サラリーマンは、誰でも自分より常に先を行く師匠に値する上司のもとで働きたい、能力を発揮したいと思っています。幸いにして、そのような上司の元で働く機会を得たなら、その人を尊敬し慕うばかりでなく、なぜ、その上司のことを尊敬できるのかという部分を徹底的に学んで自分に取り入れるよう努力を重ねれば、次の段階への近道となるでしょう。

しかし、残念ながら、そのような上司には、なかなか恵まれないと思います。むしろ、このような

上司にだけは絶対になりたくないし、使われるのもまっぴらだというような人に仕えなければならない場合の方が多いでしょう。そのようなとき、

「この人からは、何も学ぶものはない」と切り捨ててしまわないで、その上司のどういう点が気に入らないのか、それをつぶさに研究するのも人間関係学という観点から進歩の肥やしとなるでしょう。

反面教師という言葉がありますが、思わぬ所で、その上司と自分との共通点を見せつけられることがあります。それは、例えば、出過ぎたことを人に言い過ぎるところだったり、自分の物差しで、すぐに人をさばこうとする所だったりといろいろでしょう。しかし、自分が、その上司の言葉や態度に、最も「カーッ」となりやすい部分というのが、実は自分との共通点である可能性が高いようです。

その上司のイヤなところが、どういう気持ちから出ているのかが自分自身よくわかるから、無性に腹が立ってくるのだと思います。それを理性でおさえるかどうかは別にして、一番敏感に、「この人の、ここが大っ嫌いだ」と強く思う部分は、特にマークしておく必要があると思います。そして、自分はそう感じる部分とは逆のことをしていけばいいでしょう。

このような姿勢でいると、どちらへ転んでも学べるわけです。将来、自分が上司になった時にも、それらの経験と学びは大いに役立つでしょう。きっと、部下の気持ちのよくわかる上司になれるに違いありません。

この反面教師という考え方には、もっと広い意味では付き合いの間口を広げる効果もあります。普通、人と付き合っていく場合、気の合う人だけ選んで、嫌いな人には寄り付きもしないという風になりがちです。

しかし、これでは、自分の心の成長も限られてしまいます。自分の気の合う人とばかり付き合ってみても、自分と同じような考え方をするところを再確認するだけで、そこから学ぶものはあまりありません。

ところが、気の合わない人は、わからないことだらけです。学びの種は無限にあるでしょう。とは言っても、今すぐ、嫌っている人に接近した方がいいわけではありません。向こうもこちらを嫌っているのでは、どうしようもありませんから。そうではなくて、今後、出会うであろう様々人たちと、なるべく広く付き合っていけるように、今のうちに学んでおくのがよろしいようです。

人のこういうところが嫌いだという部分をできるだけ多く学んで、自分はその逆をやっていくという生き方をすれば、様々な方々に合わせられる自分というものが出来上がってきます。誰とでも付き合える自分とは、他の人から見ると、気の合う付き合いたい人のことです。

◆妬みが成功を破壊

サラリーマン世界ではいくら優秀な人でも妬み心が強いと成功しないようです。優秀な人が一番人を妬みやすいのは、自分よりも更に優秀な人と出会った場合や、優遇されている人の姿を見たような場合でしょう。

サラリーマン世界には、優秀な人など掃いて捨てるほどいるのに、その人たちを片っ端から批判し否定して満足しています。

これは、要するに自分より優れている者は認めない、自分こそが一番だと懸命に主張しているのでしょう。

このような姿勢は、自分より優秀な方を否定しているわけですから、そこに至るプロセスを学ぼうとはしません。

結局、妬み心とは、他者を否定すると共に自分をも否定する危険な思いと言えるでしょう。

◆現状維持の事なかれ主義

「現状維持の事なかれ主義」になるには、それなりの理由があります。

例えば、過去、上司に大きな期待をかけられ、責任ある仕事をまかされたことがあったのですが、結局、実力不足で失敗してしまったというような面目と自信を大きく失う挫折体験があったと思います。

または、これまでの経験から、自分はどうも何か革新的、あるいは発展的な仕事に取り組むには力不足ということを自覚していると思います。

そのような背景があると、失敗しないことが証明された過去の仕事のやり方をそのままトレースするだけやろうとします。もちろん、これまでの仕事のやり方を参考にすることは必要なことですが、普通はそれを踏み台にして更に付加価値をつけ加え、より良いものに発展させていこうとするものです。

しかし、このような上司が部下に仕事を任せる場合、常に部下が失敗した場合のことを先回りして心配したり、自分の責任のがれの言いわけを考えておいたりということをするでしょう。

「このくらい失敗すると、このくらいの出来栄えになるな。まあ、この辺までならガマンできる、言いわけはこれを準備しておこう」

「完全に失敗するなら、こんなに大変なことになってしまうな、ここまできたら、もうお手上げでどうしようもない。その時は、その仕事に直接関わったあの部下に、全責任を取ってもらうことにしよう」と、ここまで失敗したときの場合について完璧に考えておけば、安心できるとそのような方向へ思いは向かいます。このように、いつも失敗の段階を最悪のところまで心配しておけば、自分としてはそれ以上のことを心配する必要がないという考え方をします。

最悪を先回りして準備しておけば、期待を裏切られてもショックを受けることが少ないのでしょう。部下が多少失敗しても、「やっぱり失敗したか」予想通りだとあきらめると同時に、すぐに言いわけを持ち出すことができます。

最初から成功を期待しているわけではありませんので、最悪の失敗にならなかっただけでもよかったという妙な安心感だけは、味わうことができるのでしょう。

ここで仮に、部下が首尾よくその仕事をみごとに仕上げていたとしたら、成功は、その上司の予測にはありませんので素直に喜ぶことができず、「あの人が、協力してくれたからできたんだろう」とか、他に何か理由を見つけてきて、いかにもマグレだったように思います。

部下としては、このような上司に良いイメージを持つはずがなく、いつも上司から「仕事を失敗するように」と呪われているような気がします。

このような上司が作り出す雰囲気の中で働く部下は、不思議と無意識の内に、上司が一番嫌がるような所で嫌がるような失敗を起こしがちになるでしょう。

上司の方は、その失敗をみて、「やはり、自分の思った通りであった」とやるのです。

◆いらぬ口出しや手出しは恥の上塗り

会社では自分の職分を越えたことに、口出しをしない方が無難なようです。職位や部署によってそれぞれに守備範囲があり、自己の能力を過信し人の仕事のやり方に口を出したり手を出したりたりすると思わぬ恥をかいたり、トラブルの種となったりするでしょう。

あるいは、顔の周りをブンブンうるさく飛び回るハエを追われるような仕打ちを受けたり、一喝されてしっぽを巻いて逃げ出したりすることになるかも知れません。

それよりも、自分に与えられた仕事を完璧にこなせるように、また創意工夫し発展させることに努力すべきと思います。

しかし、現実には、こちらからは人の職分を侵さないように気を付けていても、向こうの方から執拗にいらぬ口出しや手出しを仕かけられて、それを避けられないこともあるでしょう。職位が同等であっても、相手の方が先輩という場合等に起こりがちです。

わかりやすい一例として、新任係長が古参係長に対する場合の対処法をあげてみます。新任係長の立場として、このようなとき対応を間違うと気まずくなったりイジメのような仕打ちを受けたりして以後仕事がしづらくなるでしょう。

まずは、その人の欲求を満たしてあげることが先決と思います。相手は教えたくてたまらない訳ですから、こちらもバカのふりをして聞いてあげればいいでしょう。このような人たちというのは、どちらかというと精神がまだ幼くて「お山の大将」あるいは「井の中のかわず」を気どっているわけです。

この人たちの言動というのは、とても自己中心的で反面教師の材料になるでしょう。同じ土俵に降りていって争わず、余裕で受け止められると思います。

この人たちを象徴する代表的な姿勢というのが、「自分の質問には、相手は必ず答えを返さなければならない。いや、返す義務がある」と思い込んでいる点です。

突然、自分の思い付きで、「こんなことを、知っているか」と、今相手が何の仕事をしているのかもおかまいなしに口出しをします。しかも、こちらの職分で解決すべき問題に関することが多いようです。

心の中では、「うるさいし、今そんなことに関わっているヒマはない」と思いつつ、相手が先輩ということで無視するわけにもいかず「知りません」と答えます。

　すると、相手は我が意を得たりという調子で、

「そんなことで、係長がつとまるもんか」という具合にもっていかれ、

「それはだな…」と、聞いてもいないことを、まるで押し売りのように得々と教えようとします。

あるいは、そのまま教えもせずにバカにしたまま放っておくこともあります。教える気がなければ、最初から黙っていてくれればいいようなものですが、かまいたい気持ちはあるらしいのです。

　しかも、その内容をよくよく聞いてみると、極めて現場寄りの専門知識である訳です。そのようなことは、現場の人が知っていて係長は適切な指示を与えればいいことです。係長の下には、主任もいますので、この人たちを使えば簡単に解決する問題でもあります。

　係長には、もっと他にすべきことが、いくらでもあると思うのですが、その人にとっては、現場知識が係長の職分で重要な位置を占めている訳です。

　理想だけ言うなら、係長は現場のことは何でも知っていて、同時にその職分も十分にこなせるというのが一番いいでしょう。

　しかし、その古参係長を見る限り、現場での仕事能力は優れていますが、係長としての職分を十分果たせているとはとても思えないのです。自分だけの判断で係長の職分を現場寄りと思っているよう

です。ある意味、現場指導者である主任の職分も侵している訳です。

このような人達とも、うまくやっていくためには、口出しされても決して拒まず、最後まで聞いてあげる姿勢を崩さないことと思います。それよりも、自然と口出しをさせにくくする方が良策でしょう。つまり、この人が口出しをする一番の原因は、

「自分のやり方でないと業務はうまくまわらないはずだ、お前のやり方では、うまくいくはずがない」と思い込んでいる点です。

それなら、「いや、そんなことはありませんよ」と証明してあげる必要があるでしょう。

すなわち、自分自身が、「係長の職分とは、本来こういうことですよ」と身をもって示すことです。

組織は連携してこそ、効率的運用が可能ということをその人に実感して頂く所まで行けば成功です。

そのためには、当然、自分自身が係長としての職分を十分果たせる段階にいなければなりません。

そこさえクリアすれば、事務処理能力の優れた係長と現場指導能力の優れた主任がそれぞれの得意分野を出し合って協力すればうまくまわるでしょう。

例え「二人一組で一人前」と言われても、この両者が優れたところを出し合って組織を引っぱっていくなら最高の効率で仕事ができるでしょう。その姿を見たとき初めて、その口出しする古参係長は、人の職分に口を出さなくなるでしょう。

◆勝手なライバル意識

自分のことで、相手が感情を害していると感じたなら、少なくとも自分の言動や態度が相手を傷つけたことに間違いありません。

会社で仕事をしていると、勝手にライバル意識をメラメラと燃やしながら何かと競ってくる相手が現れることがあります。

そのような人は、何かのことで自分が認められたり上司から気に入られたりすると途端にケチを付けにやってきます。

このようなとき、その人は理性でなく感情に突き動かされています。勝手にライバルと思っている相手が認められている姿を見ると反射的に苛立ちと焦りを感じているようです。結局、その人の感情が傷ついたがための八つ当たりなのでしょう。

しかし、このような時でも間接的に自分に責任がある場合があります。自分の誇らしげな姿を周りに見せ付けてしまったとか、その人を無意識の内に無視していたとか、よくあるパタンです。

そのような方を呼び込まない第一の方法は、認められれば認められるほど謙虚に受け止め、更なる自己研鑽に励むことです。その姿は、雰囲気として周りにボディガードとして、また好感度として拡散するでしょう。

この逆は、相手の感情に対して、こちらの感情をもって、そちらが間違っているとやることでしょう。例え、それで相手をねじふせたとしてもお互いの感情のしこりは延々と続くでしょう。

◆自己顕示の恐怖

サラリーマン世界でも自己顕示の強い人は嫌われるようです。頑張れば頑張るほど、あいつは目立ちたがり屋だということでますます風当たりが強くなるでしょう。

この人たちの特徴は、いかにも誉めて欲しそうな雰囲気を漂わせていることです。同じ仕事をするのでも、いかに自分がよくできるかということをこれ見よがし、聞こえよがしに頑張ります。

そして、周りの人たちの賞賛をもっと得るために「これでもか、これでもか」と頑張ります。しかし、人々はなかなか誉めてくれないでしょう。

いかにも誉めて欲しそうな人に対する周りの反応は、白けたり、揚げ足を取ったりするようなことになるでしょう。

実際、その人を誉めると本当に損するようです。せっかく誉めてあげたのに、いい気になって、つけ上がり、以後、誉めてくれた人をことさら見くだすようになるようです。その様な気持ちというのは、相手にすぐに伝わりますから、

「なんだ、こんな奴だったのか誉めて損した」となるでしょう。

◆火消し職人の本心

別に代理という立場の方に限らず、そのような建設的な意見を考えるよりも、他の人の意見にケチをつけたり何かの欠点を指摘したりすることに喜びを感じる傾向がある人は一定数いるようです。

会議等で、同じく意見を発表するのでも、どのようにしたら良くなるかを常に考えながら発言する人と、人の意見に何かとケチをつけたり、何かの欠点をとらえて指摘したりすること自体に意義を見出している人もいます。

後者のような発言をする人は、議題に上がっていることをどのようにしたら実現できるか、あるいは良い方向に持っていけるかということを考えているわけではないようです。

彼の主たる目的は自己顕示、議題そのものよりも自分の威厳を周りに知らしめて、自分こそが重要

な人物だということをその会議に出席している人たちに思い知らせることなのでしょう。

ある程度の地位はあるけれども、実際の権限はあまりない代理という立場にいる人にありがちな態度と思います。また代理という地位はエリートコースの人は飛び越えてしまいますので、自然と年齢が高い割に出世は頭打ちという人の割合が多いようです。

この人たちが、昨今の情報化時代の若者と建設的な議論で渡り合うのは難しくなっていますので、そのような反応を示すのは無理もないのかも知れません。

ただし、露骨に喜んだのでは、周りから軽蔑されてしまいますので、欠点を指摘する時には逆の怒っているような態度を取って発言します。これは、「自分は決して、人の欠点を指摘して喜んでいるような人間ではないぞ」と周りにアピールしているようです。気分はスカッとしているようです。

この人たちの常套手段は、人を責める前には必ず裏を取っているということのようです。反論された場合の「隠し技」は、ちゃんと懐にしまっています。そして、何かの時には、ここぞとばかりにそれを取り出して猛烈なる勢いで相手をビシャンと封じ込めます。例えば、

「以前、このようにしろと注意したにも関わらず、そうなっていないではないか」と理想論をふりかざしながらの責め方が、一番この人たちの自尊心をくすぐるようです。このような場合、たいてい、相手が反論できないようなことなので言葉に勢いがあります。

いくら前向きに努力していても、仕事量との兼ね合いや全体とのバランスで、どうしても優先順位が後送りになってしまうことはいくらでもあります。

優先順位の大して高くない理想論の実現よりも、今は、現実に迫ってきている優先順位の高いたくさんのオーダーをさばくのが先決だからです。

しかし、このようなことは、その人には通じません。それを説明してみても、快刀乱麻のごとく「何でも解決してみせるぞ」という具合に、空回りした理想論がトンチンカンな響きをもって伝わってくるだけです。そこでやむなく、

「それでは、具体的にどのようにしたら良い方向に向かうか、ご指導願えませんでしょうか」くらいの反論をしてみても、その答えはもともと準備していないので、

「君はどうしたいと思っているのかね。少しは頭を使ったらどうだね。だから、いつまでたってもそんな調子なんだ」くらいの返事しか返ってきません。

このやり取りを聞いていた周りの人たちも、理想論を掲げている方へ軍配をあげ、今責められている人の方に非があると思い込むでしょう。この勝利感が、この人本来の目的なのです。

よくよくたどっていくと、「注意したにも関わらず」と言ってはいますが、実際は、ちょっと小耳にはさむくらいの軽い言葉をかけてみたくらいだったり、きれいごと過ぎてもともとできそうもない

ことだったりします。このような人たちの心は、よくニュースに出てくるような、放火をくり返して、真っ先に駆けつけて消火活動を行うような人と変わりません。

会議の場で、この手の人を相手にいちいち腹を立てて反論を試みても、周りの者もその理想主義者に加勢しますので、全員を敵にまわすことになるでしょう。これでは相手の思うツボです。この人にとっては、小さな火事を吹き消すよりも、大火事に先頭切って立ち向かって大活躍する方が望むところです。

あくまでも冷静に受け止めて、その場は、

「申し訳ありません。そのように努力します」と、神妙顔で耐えておく方が無難でしょう。急に言われたことにその場で反論するには今は材料不足、いったん受け止めて後で対策を打てばいいでしょう。

◆人の気持ちは自分の気持

会社にも、よく自分は気持ちを大事にする人間だということを宣伝してまわる人がいます。しかし、その人の言う気持ちというものをその人の言動からよくよく推測してみると、どうやら相手の気持ちではなく自分の気持ちのようです。

気持ち、気持ちと騒ぐ人は、相手の感情に非常に敏感で、それが即自分の感情に反映するようです。会社には様々な人がいるのに相手の感情で自分の感情がいちいち振り回されていては仕事にならないでしょう。

その人が、気持ち、気持ちと騒ぐ時は、だいたい決まっていて相手が自分の思う通りにならない時のようです。

例えば、自分は今重要な仕事をしているということで、相手が気持ちよく積極的にそれを手伝ってくれて当たり前だと思っていて、実際、相手に手伝いを依頼したところあまり嬉しくない態度で手伝った場合などに、自分が侮辱されたと感じ、

「こんなに重要な仕事をしているのに、そんな気持ちで手伝ってくれても俺はうれしくない。もういいからどこかへ行ってくれ」ということになります。

これなどが典型例で、自分が重要な仕事だと思っていることは、周りも同じように重要な仕事と思っていて、本来なら黙っていても目の色を変えてとんできて自分を助けてくれるはずだと思っているようです。

このような人が上司にいると部下は大変苦労するでしょう。その上司には、全体から見た仕事の優先順位などわかりませんので、その上司の言うとおりに仕事をしていてはバランスを欠いて職務を全

うできません。

ただ、このような人は人事権を持つ課長以上では、あまり見かけないようです。

◆暗い表情は過小評価を呼び込む

管理者を含め周りからの評価は、仕事に対するやる気とかその成果とかが主ですが、意外にも日頃の言葉の抑揚や表情も大きく影響するようです。

いかに、仕事が良くできても口数が少なく暗い表情をしていたのでは、その人の顔を見ると、なんだかイヤな感じがして良い評価を与えようという気にならないようです。

そのような人が、なぜ暗くなってしまうことがあるのかというと現状に満足していないからでしょう。理想と現実のギャップに苦しんでいるのです。これも向上心ゆえにであることが多いのですが、その思いは周りには曲がって伝わってしまいます。

「あいつは、いつも苦虫をかみつぶしたような顔をしているけれども、いったい何が不満なんだ。何だか、上司であるこの俺に楯突いているようにも見える。けしからん」という風に、上司に勝手に伝わってしまいます。そして何かの時に、

「君も、いろいろ不満はあるだろうけれども、いい加減にしたらどうなんだ。言いたいことがあったら、はっきり言えっ」と思ってもみないような叱責を受けて、ぼう然とすることがあります。

まさか、「こんなクソみたいな、くだらない仕事がやってられっか」と、上司に当たり散らすわけにはいきません。

自分の中で空回りしたジレンマに悩んでいる姿が、周りの人たちの攻撃心をあおったのです。ということは、自分が悩んでいる姿が、周りの人には攻撃的に映っていたということです。

具体的に人に攻撃を加えるような言動や行為をしたのではなく、知らず知らずのうちに暗い雰囲気に毒された表情や言葉が、雰囲気として周りの人たちに当たり散らしていたのでした。

これを解決するには、時を待ち、ギャップを埋めていくしかないようです。あり余る能力を持て余しているとしても、周囲と調和しながら静かに能力を発揮し努めて明るく快活にふるまうことでその時間は短縮されるでしょう。

結局、その悩みを解決できるのは、冒頭に掲げた管理者や周りからの評価だけなのに今までは逆のことをしていたようです。知らず知らずの内に、自らが発する暗い表情や言葉が、自分を引き立ててくれる人を遠ざけてしまっていたようです。このように、言葉や表情には運命を左右するほどの力があるようです。

一方、向上心のない人とは言いませんが、現状に十分満足している人、あるいは自分の実力よりもやや高めの環境で熱心に仕事をしている人は、暗い表情になどならないでしょう。

◆力関係の落とし穴

多くの人は、自分が嫌っている人と親しくしている人をみると、その人のことをよく知らなくても嫌います。逆に、自分が気に入っている人と親しくしている人に対しては、その人のことをよく知らなくても好意的に思います。

サラリーマン世界でも、このようなことが大きく影響します。部長クラスの管理者が、大きな人事を動かす場合もしかりで、必ず、自分が気に入っている人から聞いた人物評価を参考にして、各配置を決めます。気に入らない人の人物評価などには、目もくれません。とすると、その管理者からどの程度、気に入られているかでその配下の社員の運命も左右されるということです。これが、人事に関する力関係というものです。

ミクロの観点からも例をあげておきます。

ある部に、仕事がよくできる部員がいて部長から何かと眼をかけられていました。その部員の方もまた、その部長のことを大変尊敬し慕っていました。部長のすぐ下には、課長がいましたが、この課長がまた非常にできが悪くて、毎日、毎日、部長から眼のカタキのようにバッシングを受けていました。それでも、したたかで頑固な課長はどこ吹く風ぞと図太く構えていました。

そんなある日、部員全員で酒を飲みながらの慰労会がありました。その会の席で、例の部員は機嫌よく酒を飲んでいる部長のとなりでお酌をしていました。部長の方はというと、出来損ないの課長の話をあれこれ、おもしろおかしく話していました。

それをとなりで聞いていた部員は、部長の口から出るあまりに辛らつな言葉に、だんだんと課長のことが、かわいそうに思えてきました。そして、過去読んだことがあるサラリーマンの本には、「自分の上司は、人前で立てよ」と書いてあったことを思い出しました。

アルコールのせいか、現実に起きている場面と、本の内容とが互いにスパークして、つい、その課長の肩を持つようなことを、部長に言ってしまいました。それが命取りとなりました。

「お前は、何もわかっとらんくせに、余計なことを言うな」怒声が響きわたり、今まで機嫌の良かった部長の顔が、見る見る鬼面のように変わってしまいました。以後、その部長は、その部員を見捨ててしまいました。と、ここまで極端なことは現実には少ないでしょうが、心の世界ではこのようなことが結構起きています。

では、この場合、どうすべきだったかというと、サラリーマン世界では、いかなる場合も、常により上位にある者の意見を尊重すべきでしょう。ひたすら社交的に微笑みながら、軽く聞き流すのが正解のようです。このとき、決して、深く相づちを打ったり、尻馬に乗って一緒になって課長をけなしたりしてはなりません。そのようなことをしては、

「こいつは、目上のものに悪口を言う。けしからん奴だ。もういいからあっちへ行け」という、とんでないトバッチリを食うことになるでしょう。

この現象は、ごく普通の家庭でのでき事に置きかえれば、すぐにわかると思います。親が三人いる兄弟の目の前で、長男を叱っているとします。いかに出来損ないの長男であろうと、下の二人の子が親の言葉の尻馬に乗って長男を責めるなら、親は、その二人を「向こうへ行ってろ」と叱るでしょう。

◆短気が呼び込むもの

サラリーマン世界では、短気を起こすことは禁物と思います。仕事もよくわかり、人の心もよくわかる人はなかなか怒りません。どこの会社でも一流の管理者は快活で柔和な顔をしているものです。

短気な人は、常に「自分の立場」あるいは「自分の感情」が出発点であり、他の人の立場や気持ち

を気づかうことが苦手です。

そうならないためには、例えば課長から思わぬ叱責を受け短気が爆発しそうな時、会社であれば瞬時に周りにいる社員の目から見た自分、課長から見た自分、更にまたその隣にいる部長の目から見た自分の姿というものに思いを巡らせることでしょう。

このような場面でのやり取りは、周りの人たちも知らぬ顔をして聞き耳を立てているものです。

「今、課長から叱責されている内容は自分としては納得できない。きれいごとばかり並び立てていて、現実に課長のいう通りにしていたら大変な苦労を強いられることになる。しかも、課長の言い方は、ずいぶんと威圧的でムカつく」

このような心境の時は、一度、自分の体から心だけを外に抜け出して、自分も周りの人たちと同じ第三者の目線で課長と自分のやり取りを観察して受け答えするよう心がければいいでしょう。怒りが爆発してからでは、心を制することが難しくなります。

この場合、自分の立場と感情から、

「そんなことをするよりも、こうすべきだ」と課長に怒りとともに正論をぶつけることは簡単でしょう。

しかし、実は課長自身も、その社員が思っているような方法をとった方が簡単に解決するだろうと思い、すでに上層部に申し入れをしていたのでしたが、結局、上層部での決定事項ということで却下され、立場上やむなく、その方法を実行に移そうとしていたのでした。

会社ではよくあることで、このような可能性があることに思いを巡られることができるなら、その対応で怒りが爆発するようなこともないでしょう。これも、もう一回り大きな客観視野と言えます。

最悪なのは、仮にここで怒りを爆発させて、

「そんなことはできません。それほどまでして、その方法をとりたいのなら課長が自分でやったらいいでしょう」

と、ここまで言い切ってしまったならその社員はさぞかし気分がスカッとするでしょう。ところが、そのやり取りを聞いていた周りの人たちの反応は、

「あいつはダメだ、何もわかっちゃいない。サラリーマンには向かない。これであいつもお終いだ」

という風に思います。その後、一緒になって話を合わせてお茶を濁す人もいるでしょうが、それは表面上のことで課長をはじめとした周りからの評価は、相当厳しいものとなるでしょう。

たった一度でも、そのような態度を取ると、その出来事は考課表という管理者独自のネットワークを通じて、会社の主要人物に情報が流れます。以後、その人は、いつもそのような反応をする人として差別的扱いを受けるようになっていくでしょう。

どこかへ転勤しても、初日から、自分の事をよく知りもしない上司に、いきなり威圧的な態度で話

しかけられることもあるでしょう。強情な者には、強い態度が必要だとでも思っているのでしょう。するど、その人がいくら改心して頑張ろうと思っていても、これまでと同じように、上司に反発して怒り出すという反応をくり返してしまいます。上司は、そのような反応を見て、やっぱりこんな奴だったかと確認する訳です。上司の偏見が仕掛けたワナが、その人に改心するチャンスを与えません。刑務所から出所した人が立ち直ろうとするのを世間がなかなか許さないのと同じ理屈なのでしょう。

自業自得だと言ってしまえばそれまでですが、前もって自分の側でガードを固めることはできると思います。このような悪循環におちいらないためには、やはり、会社ではどのようなことがあっても決して短気を起こさないことでしょう。

一度やってしまってから、それを挽回するには、それなりの時間が必要となるでしょう。つまり、短気を起こさない時間をどれだけ長く耐えられたかが、周りの人たちからの偏見を取り除くカギとなるでしょう。

短気な者に怒るなと言っても、難しい面があります。単に怒りをガマンするだけでは、いずれ大爆発を引き起こすに違いありません。

しかし、怒らないための方法はあります。怒りをガマンするのではなく、怒りの原因をつかみ取って分析してみるのです。すると自分はこういう時に腹が立つのだなということと、そのような事態が目の前に現れる前には、自分のこういう言動や態度が原因となっているのだなということまでわかるはずです。

◆引き立てが必要

サラリーマン世界で順調に段階を進むためには、本人の努力もさることながら周りからの引き立てというものも必要のようです。

ところが、この引き立てということを忘れて、自分さえ頑張っていれば認められて当然だと思い傍若無人に振る舞う方も結構見かけます。

確かに、一所懸命頑張ることは、段階を進むための前提条件と思います。しかし、一所懸命頑張るだけの人ならいくらでもいますので、その中から抜け出さなければなりません。

管理者が、人事で同じような能力の人が二人いてどちらを取るかとなるとより多くの人から受け入れられる人の方をとるでしょう。

順調に段階を進むためには、日頃から多くの方々から受け入れられるように、謙虚さや感謝の気持ちを持ち続けることが必要なのだと思います。

◆親しく付き合いたい人

会社で、親しく付き合っていきたい人は、いつもさわやかさが漂うような笑顔で快活にテキパキと仕事をこなしている人と思います。

そのような方々は、昇進や他に何か良いことがあっても、決して威張ったり得意になったりせず、謙虚に受け止め感謝しながら仕事をしているようです。

また、仕事上、何か失敗したり悪い結果を招いたりしても、すぐに自分の問題としてとらえ、自らカバーするように行動しています。

逆に、あまり付き合いたくない人というのは、その反対で、

「あの人のせいでそうなったのです。自分にはまったく責任はありません」あるいは、

「環境が悪くて偶然そのようになってしまったのです。不可抗力ですから、自分にはまったく責任はありません」とやり、良いことが起きると、

「これは全部、自分の力なんだ。誰の手助けも借りずに、自分ひとりでやったんだ。すごいだろう」とやる人でしょう。

◆自重が好調を守る

会社では、ある程度、評価され注目されるようになったときこそ自重すべきと思います。今まで、不遇の時期が長かったのであれば尚更と思います。

この時、運が向いてきたと思って、いい気になって目立つようなことをしたり、これ見よがしに周りにアピールしたりすると、必ずやっかみや中傷を受けて他からくじかれるでしょう。

人は自分の成功は大変光栄でうれしいけれども、他人の成功までうれしいとはなかなか思わないでしょう。むしろ、他人の不幸を見て現在の自分に安心するように思うのが普通だと思います。

仕事上でも、失敗したのなら、なぐさめてくれる人もいるかも知れませんが、成功している人に対しては、その成功が自分に何か利益にでもならない限り素直に喜べません。むしろ、妬んで何かケチをつけてみたり、何とかしてその人の功績をないがしろにしてやろうと考えたりする人もいるかも知れません。

そのような人たちの思いを刺激するのが、これ見よがしのアピールでしょう。その成功した人のことをライバルと思っている人にとっては、特に強烈な刺激となるでしょう。

一方、認められたときほど謙虚に頭を低くし、更に努力を重ね、実力をたくわえていくならば、そのような方々を近づけにくいでしょう。

◆相手の表情は、自分の言葉の反映

サラリーマン社会で仕事を円滑に進めていくためには、人間関係のトラブルはできるだけ避けたいものです。そのためには、まず不用意な言葉、相手を傷つける言葉は出さないように気をつけるべきと思います。サラリーマンは、好むと好まざるに関わらず、様々な人たちと付き合っていかなければならないでしょう。

もっとも気を付けなければならないのは、やはり言葉と思います。自分の言葉が相手にどのように伝わっているか、相手を気遣っているのか、あるいは怒らせているのかということは、相手の表情の変化で読み取ることができるでしょう。

自分が発した言葉を相手が受け取った時、相手は明るくなったり、暗くなったり、いやな顔をしたり、ムッとしたり必ず表情が動きます。

相手に映るその表情変化は、自分の心の反映と思います。自分の心が明るければ相手の表情も明るくなり、自分の心がトゲトゲしければ相手の顔にもイヤな表情が現れることになるでしょう。

相手との信頼関係を築くのも壊すのも言葉のやり取りと思います。信頼関係を築くまでは大きくの言葉を要しますが、逆に壊すのは簡単で、面と向かってひとこと悪口を言えばそれでお終いとなるでしょう。

言葉として発するなら陰口でも、十分相手に伝わることになるでしょう。時限爆弾のように、信頼関係を破壊することになるでしょう。

日頃何気なく発している言葉ですが、言葉にはそれだけの創造力と破壊力があることを意識しておく必要がありそうです。

不用意に相手を傷つける人には、そのような認識はありませんので、自分の言葉が相手にどのように伝わっているかについては無関心です。そのような人は、自分の言葉を発した後、相手よりも早く眼を離すことが多いようです。一方、相手の気持ちを気遣いながら言葉を発する人は、相手よりも長く眼を見ていることが多いようです。

◆新任地には静かに入った方がいい

赴任して間もない頃というのは、とかく気負いがちになるでしょう。特に見知らぬ地で初めて課長を経験するような場合、期待と不安は並大抵ではないでしょう。

「部下は自分の言うことを聞いてくれるだろうか、部長はどんな人だろうか、人間関係はうまくこなせるだろうか」と様々な不安が頭をよぎるでしょう。それで勢い、早く職場に慣れようと、まず部下に接近したくなるでしょう。

一方、新しい課長を迎える部下も、

「今度の課長はどんな人だろう。あまり口うるさくない人だといいのになあ」などと思っているものです。また、

「あまり最初からなれなれしくされて、自分のことを子分扱いされ、こき使われるようになってはかなわない」と、ことさらよそよそしい態度をとっている部下もいます。

もちろん、そのような部下ばかりではありません。慣れていない課長のことを気づかって、いろいろと世話を焼いてくれる人だっています。

「最初が肝心」という言葉がありますが、人間が犬をしつけるのならともかく、会社のように自分よ

りも年上の部下を使ったり、あるいは年下の上司に仕えたりしなければならないような環境では、むしろ最初は静かに、なじみながら入っていく方が、後々うまくいくようです。

就任早々、まだ、なじんでもいない部下を仕事上ミスしたという理由で厳しくとがめるなら、その部下は、以後、表面上は従っても心から服従することはないでしょう。

その部下にとっては、そのたぐいのミスは極めてまれで、普段なら考えられないようなことだったのかも知れません。それをいきなり叱られたとあっては、その部下からすると、まるでいつもそのようなくだらないミスばかりしているように思われたようで非常に不快な気持ちになるでしょう。

「自分のことをよく知りもしないで、あの課長はいったい何様のつもりか」という気持ちを抱かせてしまうでしょう。すると、自然と仕事に力が入らなくなるでしょう。

これでは、課長として、その部下の能力を活かすことが難しくなるでしょう。静かに入ってある程度なじんでから、同じ部下に同じような叱り方をするのであれば、部下の日頃の実力も認めた上であえて叱るわけですから、そのことは部下にも伝わります。

するとその部下は、

「ああ、この課長は優れた方だ。よし気を引きしめてかからねば」と、以後、なおいっそう頑張るようになるでしょう。

このように「最初が肝心と気負う」場合と、「静かに入る」場合とでは、同一の部下に対しても、百八十度反対を向かせてしまう可能性があると思います。

しかし、静かに入るのがいいからといって、いつまでも遠慮していたのでは課長の役割を果たすことは難しいでしょう。馴染みすぎて、部下の過失を甘く見逃すなら、部下からはナメられるだけでますます言うことを聞かなくなるでしょう。厳し過ぎても親し過ぎても、うまくいかないようです。

◆やらされ感は働く喜びを奪う

仕事でも何でもそうですが時間に余裕があると思うと集中できず、かえって能率は落ちてしまうことがあると思います。忙し過ぎるくらいが能率良く仕事がさばけるようです。

単位時間当たりの仕事量が多いと疲労も蓄積するはずですが、不思議なことに忙しく仕事をしている時の方が疲れませんし時間もアッという間に過ぎていきます。

ところが、さほど忙しくもなく一日中ダラダラと仕事をしたり、強制された仕事をイヤイヤしたりしていると非常に時間が長く感じるしストレスも大きく疲労しやすいものです。

そのような日が続くと、仕事に出かけるのも億劫で月曜日の朝から疲れているでしょう。もっとひどくなると朝から頭痛や吐き気を催す場合もあるでしょう。

上司ともなれば、朝ロッカールームで仕事着に着替える時間でも部下の声に耳を傾けるべきでしょう。部下が、月曜日の朝から「だるい、だるい」を連発しているということは上司の仕事のさせ方が悪い可能性があります。

人がだるいと感じる時は、やはり伸び伸びと活動していないでしょう。部下自ら仕事を片付けていこうという心境でなく、仕事に束縛され強制されていると感じている時でしょう。

例えば、上司が、一ヶ月の作業計画をガチガチにすべてを決め、必要以上に部下が仕事を選択できる自由を奪っている場合です。部下が今責任感を持って取り組んでいる仕事があるなら、それを先にやらせてあげるように組むとか、また一定期間で仕上げればいいような仕事メニューは期限まで完了させるなら、どれから取りかかってもいいというようにある程度選択の自由を与えた方がうまくいくようです。

このような手続きを最初にとっておくならば、急に優先順位の高いオーダーが入ってきても、部下は快く対応してくれるでしょう。

限られた範囲内ではありますが選択の自由を与えれば、「仕事からの縛り」を「仕事を征服する喜び」へ変えることもできるでしょう。

◆多様な価値観へ

会社付き合いでも、相手のことを好ましい相手かそれとも近づかない方が無難な相手か、あるいは年齢や地位が上か下か等と二つに一つを決定してから付き合い方を決めると思います。

ところが、最初は好意的に付き合っていた相手でも、だんだん嫌気がさして遠ざけたくなることもあるでしょう。それは、例えば好意的に思っていた相手が、自分は嫌っている人と付き合い始めた時とか、自分と同じ考え方をすると思っていた人がまったく異なる意見の持ち主であることを知った時とかです。それらは、すべて自分が描いている相手像が、自分と同じ価値観で物事を判断するものだと思っていることが原因でしょう。

サラリーマン世界は、利害関係が絡みますので、価値観はもう少し複雑化すると思います。例えば、尊敬している上司に嫌っている人がいれば、その人のことをよく知らなくても自分も嫌いになることが忠義のように思う人も少なくありません。

サラリーマン世界では、多少出来損ないと思われるような人であっても、常により上位に立つ者に従うのが慣わしのようです。

このように考えてくるとサラリーマン世界では、自分の価値観で人を二つに一つという捉え方はそぐわないようです。むしろ、人がどのような価値観を持っていようと受け入れる姿勢が、サラリーマン世界では仕事を含め様々なことが学べるようです。

◆雰囲気が伝える感情

会社では、自分の感情というものを常にチェックし、上手にコントロールしなければならないようです。

「目は、口ほどにものを言う」という格言がありますが、その人から出ている雰囲気というものは、それ以上にものを言います。

イライラしている人に近寄っただけで、何だかこちらもイライラしてきますし、はつらつと明るく仕事をしている人のそばに寄ると、こちらまで、快活に元気が出てくるということがあるでしょう。

上司が、腹を立てながら部下を叱ると、部下も同じように腹が立ってきます。上司は、その部下の腹を立てた姿を見ると更に腹が立ってきます。

このように、怒りや恐怖、あるいは喜びもそうですが、人の感情というものは電光石火のごとく相手の心に伝わるでしょう。これは、その人の顔形の変化を読み取った結果の反応ではなく、相手の心から発している雰囲気を自分の心が受け取った結果に反応しているのだと思います。

会社では、ついつい仕事に集中するあまり、自分の感情に無頓着になりがちです。個人的な怒りや恨みのようなマイナスの感情が、勝手に一人歩きして人間関係や信頼関係をぶち壊してしまっては大変です。会社では、努めて明るく快活でさわやかなプラスの感情を保つよう意識しておく必要がありそうです。

◆本心はすでに伝わっている

上司が、何かのことで失敗した部下に注意を与える場合、同じ内容を伝えるのでも言葉の使い方や語調で、相手からの反発を呼び込んだり、相手を自発的に反省させたりする言葉になるでしょう。

それは、上司の本心がどこにあって、その言葉が出ているかが、部下に敏感に伝わるからです。上司が部下に対し、どのような立派な正論を持ち出して注意してみても、上司の責任逃れの気持ちが中心にあってそのような言い方をしているのか、あるいは、厳しい言い方の中にも、どのようにしたら良い方向に向かうかという気持ちが内包されているかは、すぐに部下に伝わるでしょう。

結局、上司は責任逃れの手段として部下に注意を与えているのか、あるいは、上司も部下と一緒に解決に向けた努力をしたいのかは、すぐに部下に伝わります。部下は、その気持ちを感じ取って反発したり自発的に反省したりすることになります。

◆悪の増殖原理

例えば、ある上司がミスした部下を悪だと決めつけ叱っています。その部下が良かれと思って進んでした仕事でしたが、結果として悪となってしまいました。

もちろん、部下には、今上司に叱られながら追求されているような悪意などまったくありません。それにも関わらず、上司は、その悪への追求に手を緩めません。

すると、部下は、そういう扱いを受けたことに対する反発から、もともと無かったはずの悪が芽生えてくるでしょう。

「ああ、この上司は、自分のことをそのようにしか思ってくれていないんだな。そこまで言うなら、もうどうでもいい。それを悪意と思うなら悪意で結構、悪になってやろうじゃないか」という具合になっていくでしょう。

悪は、その存在を認めることで、新たに生み出すこともできるし、取るに足りない小さな悪でも火に油をそそぐがごとく燃え上がらせることもできます。

一方、悪は見逃すことによって、更に増大するものでもあります。小柄で大人しそうな上司が横柄で図太い部下に出会いその威圧に押し負け悪を許してしまうというパタンもあるでしょう。悪は、優柔不断さ、憶病さにつけ込んでくるものでもあります。

◆怒りの感情では部下はコントロールできない

いくら上司であっても、部下の感情までコントロールすることはできないでしょう。自分の感情でさえコントロールできないのに、他人の感情をコントロールできるはずがありません。

上司の中には、怒りを爆発させて、部下の感情を威圧で封じ込めようとする人がいます。部下は、上司という権威の前に表面上は大人しくしているフリをしていますが、心の中には炎がうず巻いています。

そのような上司は、いずれ遠くない将来、必ず大きなしっぺ返しを食らうことになるでしょう。多くの場合、その上司と似たタイプの彼の上司に同様の目に合わされるでしょう。

部下の感情をコントロールしようと思うなら、上司の側が心のレベル、認識力というものを高め感化力で従わせるしかないようです。

◆約束と信頼関係の関係

仕事上や上司部下の信頼関係は、お互い約束を守ろうとする姿勢があることが出発点と思います。仕事上の約束をしておきながら、結局できないことがあります。このような場合に、信頼できる人と信頼できない人の態度が分かれます。

信頼できる人というのは、

「懸命に努力してみたけれども、結局できなかった。他の仕事で必ず埋め合わせしたい」という思いを、いつも持っていて、実際、そのような機会があれば進んで実行するでしょう。

一方、信頼できない人にとっての約束は、口先だけのことでそれほどその仕事に重きを置いていません。約束を破っても、

「あれ、そこまでやると約束していたっけ」くらいのものでしょう。

仕事に限らず、約束を守るために精一杯やってみたけれども、結局できなかったということはいく

らでもありますが、信頼関係を保つにはやはり「あとフォロー」が何より大切と思います。

あとがき

やはり、筆者の身に置き換えても学生から社会に出たての頃が、最も緊張し大きな違和感を覚える時期ではないでしょうか。

それまでは、先輩・後輩・同僚とそれほど年も離れていない方々と気ままに仲良くしていれば良かったと思いますが、社会に出るとそうはいきません。

年齢も地位も様々な方々いらっしゃる環境に、突然放り出されることになります。そのような方々に、最初はどのように接して良いかも分かりませんし、言葉遣いにも気を使います。緊張のあまり顔がこわばってしまう時期もあるでしょう。

退社後は、さっさと帰りたいのに飲みたくもないお酒に付き合わされたり、ろくろく食事も取れないまま先輩や上司の席をグルグル回りながらお酌することを強要されたりもします。また、職場で野球やバレーボール、駅伝等に取り組んでいる場合、そのメンバーとして参加を強制されることもあります。

また、慣れてきたら慣れてきたで、上司部下の関係に違和感というか嫌気さえ覚えるようになるでしょう。営業所、支店、本店と上部組織に行くほど、上司部下の関係は密着度を増しコキ使われる感覚は増していきます。時には、このような上司にだけはなりたくないし、使われるのもまっぴらだという経験もするでしょう。

しかし、どの会社でも似たような状況ですので、新天地を求めて会社を転々とするようなことだけは経済的面からも避けた方がよろしいでしょう。

それよりも、会社とはこのようなものでありサラリーマンとはこのようなものであるということを本書で追体験して頂き免疫としてお役に立てるなら、これに勝る喜びはありません。

きれい事など通用しないこの奇っ怪な世界ではありますが、「進歩の積み重ね」をキーワードに具体的にどのような心構えでどのように行動すれば生きがいを取り戻せるか、その方法論については厳然と存在すると思います。

かつては、吐き気や頭痛がするほど会社に行きたくなかった筆者でさえも、年齢を重ねるごとに老獪さとまでは言いませんが智慧を増すという形で自由に泳げるようになって行くものです。

豊田　一期（とよた　いちご）
エネルギー管理士
全国規模のとある産業の大手企業にて、現在は地球環境保全と低炭素社会の構築に向けた取り組みを重要視する太陽光発電関連部門で企画を担当している（主査歴　数十年）。エクセルで関数・マクロ・ＶＢＡを用いた業務効率化ツールの開発も行う。

これで解決！　実践サラリーマン道入門編
2024年4月16日　第1刷発行

著　者――豊田一期
発　行――つむぎ書房
〒103-0023　東京都中央区日本橋本町 2-3-15
https://tsumugi-shobo.com/
電話／03-6281-9874
発　売――星雲社（共同出版社・流通責任出版社）
〒112-0005　東京都文京区水道 1-3-30
電話／03-3868-3275
© Ichigo Toyoda Printed in Japan
ISBN 978-4-434-33394-1
落丁・乱丁本はお手数ですが小社までお送りください。
送料小社負担にてお取替えさせていただきます。
本書の無断転載・複製を禁じます。